기 적 의 숫 자 퍼 즐

네모네모 로직®

6 PLUS

C O N T E N T S

제우미디어

풀이법

설명의 순서대로 한 번만 따라 칠해보면 로직해법을 마스터할 수 있습니다!

기본 규칙

- 숫자는 '연속해서 칠할 수 있는 칸의 수'를 의미한다.
- 한 줄에 여러 개의 숫자가 있을 때는, 숫자와 숫자 사이에 반드시 한 칸 이상을 띄고 칠해야 한다.
- 칠할 수 없는 칸은 X로 표시한다.
- 완성된 숫자는 ○로 표시한다.

1

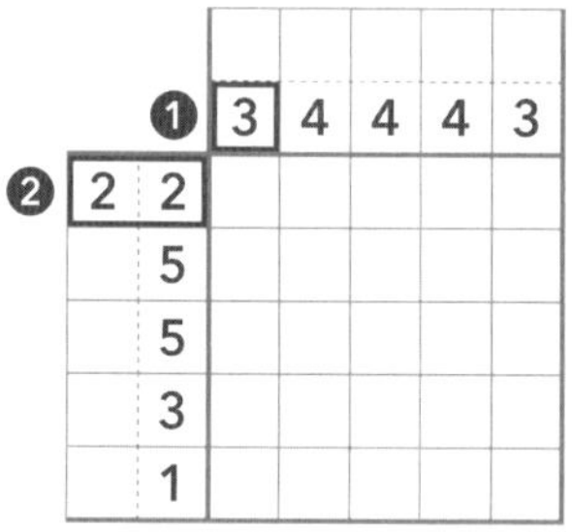

문제의 크기는 5x5이다.

❶은 세로 다섯 칸 중 세 칸을 연속해서 칠해야 한다는 뜻이다.

❷는 두 칸을 칠한 후, **한 칸 이상을 띄고** 다시 두 칸을 칠해야 한다는 뜻이다.

2

5는 다섯 칸을 연속해서 칠해야 한다. 다섯 칸을 모두 칠하고, 완성된 5에 ○로 표시한다.

3

위쪽의 3은, 세 칸이 연속해서 칠해져야 하니 맨 밑줄은 칠할 수 없게 된다. X로 표시한다.

4

위쪽의 4는, 네 칸이 연속해서 칠해져야 한다. **경우의 수를 따져보면** 네 번째 줄을 칠할 수 있다.

잠깐!

이 경우, 세 칸을 연속해서 칠할 수 있는 경우는 A, B 두 경우이다. 그러므로 칠할 수 없는 마지막 칸은 X로 표시한다.

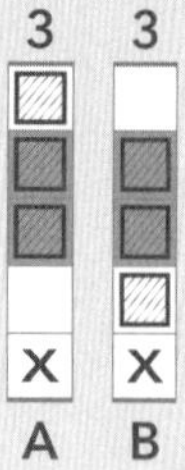

잠깐!

이 경우, 네 칸을 연속해서 칠할 수 있는 경우는 A, B 두 경우이다. 여기서 네 번째 칸은 무조건 칠해진다.

5

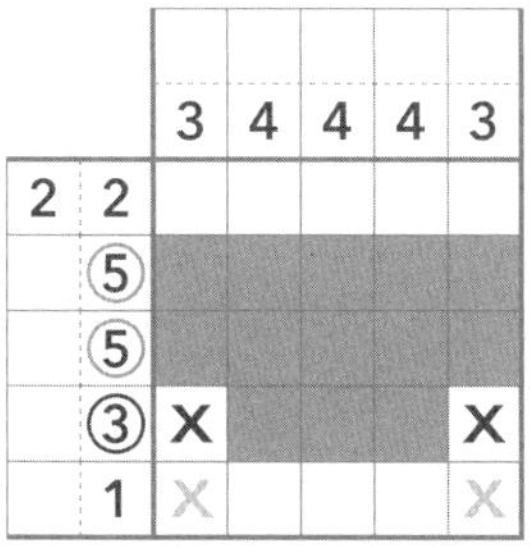

왼쪽의 3이 완성되었으니 숫자에 ○로 표시하고, 네 번째 줄의 양 옆을 ×로 표시한다.

6

위쪽의 3을 다시 보면 네 번째, 다섯 번째 칸이 ×로 표시되어 있다. 그럼 첫 번째 칸을 칠해야 3이 완성된다. 완성된 3은 ○로 표시한다.

7

왼쪽의 2는 두 칸이 연속해서 칠해져야 하니, 두 번째 칸과 네 번째 칸을 칠할 수 있다. 세 번째 칸은 ×로 표시하고, 완성된 2는 ○로 표시한다.

8

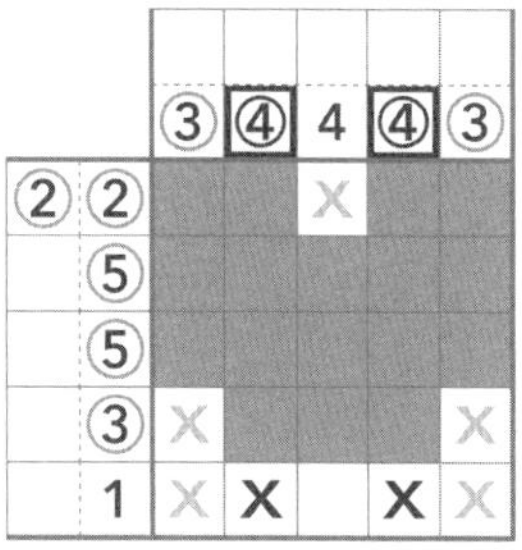

이렇게 되면 위쪽의 두 번째, 네 번째가 완성된다. 완성된 4를 ○로 표시하고 맨 밑줄은 ×로 표시한다.

9

이제 남은 것은 위쪽의 4와 왼쪽의 1이다. **맨 밑줄의 남은 한 칸을 칠하면**, 위쪽의 4이자 왼쪽의 1이 완성된다.

잠깐!

네모 로직의 문제 크기가 큰 경우, **큰 숫자부터 공략하는 것**이 쉽다. 예를 들어 문제가 10x10이고 한 줄인 열 칸 중에서 아홉 칸을 연속해서 칠해야 할 때,
전체 칸 수(10) - 해당 칸 수(9) = **빈 칸 수(1)**
이 공식을 이용하면 경우의 수를 쉽게 풀 수 있다. 여기서는 1이 나왔으니 **위아래 한 칸씩**을 비우고 가운데 여덟 칸을 칠한다.

중요한 로직 풀이 TIP!

문제의 크기가 큰 로직 중에는 위의 설명만으로 해결되지 않는 것이 있다. 그럴 때 이것만 기억해 두면 손쉽게 풀 수 있다.

위에서부터 칠했을 때와 아래에서부터 칠했을 때 겹쳐지는 칸이 어디인지를 찾는다. 이때 숫자의 순서는 반드시 지켜야 하며 점을 찍어가며 생각하면 편하다.

❶ 한 칸에 점을 찍고, 한 칸 띄고 6칸에 점을 찍는다.
❷ 뒤에서부터 6칸에 점을 찍고, 한 칸 띄고 한 칸에 점을 찍는다.
❸ 겹치는 부분을 찾아 칠한다.

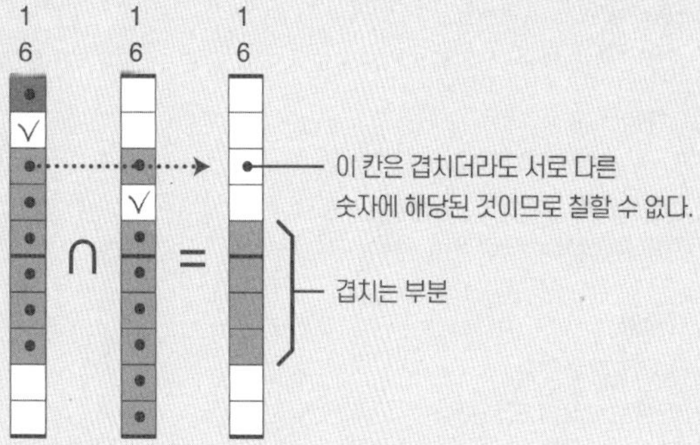

네모네모 로직® 플러스6

초판 1쇄 펴냄 2022년 7월 28일

편 저 | 제우미디어
발 행 인 | 서인석
발 행 처 | 제우미디어
등 록 일 | 1992. 8. 17
등록번호 | 제 3-429호
주 소 | 서울시 마포구 독막로 76-1 한주빌딩 5층
전 화 | 02) 3142-6845
팩 스 | 02) 3142-0075

I S B N | 979-11-6718-170-1
978-89-5952-895-0 (세트)

만든 사람들

출판사업부 총괄 손대현
편집장 신한길 | **책임편집** 민유경 | **기획** 신은주, 지승재
영업 김금남 | **제작** 김용훈 | **문제 디자인** 나영 | **표지·내지 디자인** 디자인그룹올 | **표지·내지 조판** 디자인수

※ 값은 뒤표지에 있습니다.
※ 파본은 구입하신 서점에서 교환해 드립니다.

A1

한 장씩 톡 뽑아 써요

난이도

★☆☆☆☆

15×15

Column clues:

		3	1	1	1		2	1	3					
		2	3	3	1	6	1	3	2	1		2		
	3	1	1	1	1	1	1	1	1	2	5	1		
9	1	1	1	1	1	1	1	1	1	8	8	7	8	1

Row clues:

			11
1	2	1	2
2	1	1	1
2	1	1	2
	3	1	6
	2	6	1
		2	3
			14
		1	4
		1	5
		1	4
		1	4
		1	3
		1	2
			11

A2

이 안에는 책을 넣을 수 있어요

난이도

★☆☆☆☆

15×15

Column clues:

						2	2							
	2	1	1	4	5	1	1	5	4	1				
	1	1	1	1	3	3	3	1	1	1	1	5	2	
10	2	1	1	1	1	1	1	1	1	1	8	2	2	9

Row clues:

			4
			6
		2	2
			13
2	2	2	3
	1	1	1
	1	1	1
1	3	2	1
		12	1
1	3	1	1
	1	1	1
	1	1	1
	1	1	2
		2	3
			12

A3

뜨거울 수 있으니 조심해요

난이도

★☆☆☆☆

15×15

Column clues:

1	2	3	4	5	6	7	8	9	10	11	12	13	14	15
			2	1	1	1	1	1	1					
			1	2	1	1	1	1	2	2				
	5	2	1	2	1	1	1	1	2	3		2	5	
	2	5	2	2	1	1	1	1	2	2	9	3	2	3
6	3	2	2	1	1	1	1	1	1	2	2	3	3	5

Row clues:

			8
		2	2
	2	6	3
	1	2	6
	2	2	2
	4	3	2
	2	6	3
		1	2
		2	3
2	1	2	2
1	2	2	1
	1	6	1
		2	3
		4	5
			14

A4

마이크가 달려 있어요

난이도

★☆☆☆☆

15×15

Column clues:

1	2	3	4	5	6	7	8	9	10	11	12	13	14	15
										3				
	4		2	2		2	2	2	2	5	10	4	2	
4	2	11	6	4	2	2	3	3	2	1	2	3	2	4

Row clues:

			7
			10
		2	3
		2	2
		2	2
		2	3
	3	2	2
1	3	2	1
1	3	2	1
1	3	2	2
		5	4
		3	1
		2	2
			6
			4

A5

챙이 넓어 얼굴을 다 가려 줘요

15×15

난이도

★☆☆☆☆

Column clues (left to right):

						2	1							
						1	1	1						
				1	3	1	2	2	1	2	1	2	2	
	1	2	1	1	3	3	1	1	1	2	1	2	3	
5	4	4	6	4	3	2	2	1	2	2	5	5	3	11

Row clues (top to bottom):

			5
		2	3
		1	2
		7	2
	3	3	1
	1	3	1
		6	3
	4	3	2
4	1	3	2
3	1	2	1
1	1	3	1
2	2	2	1
		2	4
		5	4
		4	3

A6

스프로 만들면 더 맛있어요!

15×15

난이도

★☆☆☆☆

Column clues (left to right):

													2	
						1		1	1	1	1	2	1	
	3	2	2	2	1	5	2	2	3	3	4	5	1	6
7	2	2	1	1	6	2	7	2	2	2	3	4	5	3

Row clues (top to bottom):

			6
		4	2
		2	2
		2	1
		2	1
		1	6
	2	5	1
		1	9
	1	2	2
	1	3	2
	1	3	2
	1	4	3
2	1	3	4
	2	3	5
		5	3

A7

아이들이 많이 입어요

난이도

★☆☆☆☆

20×20

Column clues (top to bottom):

1	2	3	4	5	6	7	8	9	10	11	12	13	14	15	16	17	18	19	20
1	5 1	1 1 2 1	2 1 2 1 2	2 2 1 2	4 12	7 6 2	4 6 4 2	3 1 13	3 1 1 5	2 4 3	3 3 5	5 13	4 6 4 2	6 6 2	1 12	3 3 1 2	1 1 2 1 2	1 4 1	2 1

Row clues:

Row	Clues
1	2 7 2
2	1 2 9 1 1
3	1 6 6 2
4	3 3 3 3
5	1 2 1 1 1 1 1
6	2 2 3 1 2
7	2 2 2 2 2
8	2 8 1
9	2 2 2 2
10	1 2 2 1
11	1 2 2 1
12	4 4
13	2 5 2
14	11
15	20
16	5 5
17	5 5
18	1 1 1 1
19	6 6
20	6 6

A8

다 같이 먹으면 두 배로 맛있어요

난이도

★☆☆☆☆

20×20

Column clues (top to bottom):

1	2	3	4	5	6	7	8	9	10	11	12	13	14	15	16	17	18	19	20
7 3	18	1 1 2 1 2 2	7 2 2 1 1	1 1 2 2 2 1	7 1 1 3 1	1 1 1 5 1	7 1 2 2 1	1 1 1 2 2 1	6 1 1 3 1	5 5 1	2 2 2 1	7 2 1 1	1 5 1 2 2	1 7 4	16	16	2 1 4 2	2 1 1 5	2 8 1

Row clues:

Row	Clues
1	5 4
2	3 1 3 5
3	1 1 1 1 1 2
4	1 1 1 1 1 2
5	1 1 1 1 1 8
6	2 1 1 1 2 1 2 1
7	11 1 2 1
8	2 1 8
9	2 1 6 1
10	2 15 1
11	5 7 1
12	3 4 2
13	1 3 1
14	17 2
15	2 2 3 3 4
16	3 2 2 6
17	15
18	1 8 1
19	2 2
20	12

A9

머리를 보호하기 위해
꼭 착용해야 해요

난이도

★⯪☆☆☆

20×20

Column clues (top to bottom):

1	2	3	4	5	6	7	8	9	10	11	12	13	14	15	16	17	18	19	20
	1		1	1			2	2	2	2	2	3							
	3	5	4	3	1	2	3	3	4	4	4	2	3		1	2	2	3	
	2	1	1	2	2	2	1	2	1	1	1	2	3	8	4	3	3	3	
11	7	8	8	8	6	4	4	3	3	3	3	3	2	5	6	3	2	3	12

Row clues:

Row	Clues
1	7
2	12
3	2 5
4	1 3 5 2 2
5	5 6 2 2
6	5 6 2 1
7	4 2 3 4 2
8	1 5 6 1
9	5 7 4
10	2 3
11	1 9 2
12	15 1
13	15 1
14	8 2 1
15	5 2 1
16	5 2 1
17	4 1 1
18	4 2 2
19	2 4
20	3

A10

팔딱팔딱 뛰어요

난이도

★⯪☆☆☆

20×20

Column clues (top to bottom):

1	2	3	4	5	6	7	8	9	10	11	12	13	14	15	16	17	18	19	20
				4	3			2	2	4	2		2	3					
				3	2	3	3	2	2	2	3	3	2	3		2			
	1	2	2	1	3	2	2	1	2	1	1	2	3	1	1	1	2		
3	3	4	4	6	1	2	1	2	3	2	2	2	1	6	5	2	2	4	
2	2	1	1	1	4	3	2	2	3	2	2	3	4	1	1	1	1	2	3

Row clues:

Row	Clues
1	2
2	15
3	3 11 2
4	1 4 1 1 2 2
5	4 1 2 1
6	4 1 2 2
7	20
8	1 16 1
9	1 1
10	18
11	2 1 2
12	2 1 2
13	1 2 1
14	1 2 1
15	2 2 2
16	1 2 1
17	2 2
18	2 1 2
19	9
20	11

A11 + A12

불빛 아래서 사랑을 속삭여요

난이도

★★☆☆☆

20×20

Column clues:

Col	1	2	3	4	5	6	7	8	9	10	11	12	13	14	15	16	17	18	19	20
													2	2	2					
						2	3	2	2	2	3		1	1	1	3	2	3	3	
	20	20	8	3	3	2	5	5	5	4	4	6	1	3	4	4	4	3	1	2

Row clues:

Row	Clue
1	3 5
2	3 10
3	3 8 3
4	7 8
5	5 2 3
6	4 2 2
7	3 1
8	3 2
9	2 1
10	2 2
11	2 2
12	2 1
13	2 2
14	2 2
15	2 1
16	2 2 2 2
17	2 2 7
18	2 1 5
19	2 2 3
20	2 2 1

+

20×20

Row clues:

Row	Clue
1	2 2 1 1
2	2 1 5
3	2 1 5 4
4	2 2 3 6
5	2 2 1 8
6	2 1 8
7	4 4 7
8	4 7 6
9	3 8 6
10	3 9 6
11	2 10 5
12	2 11 5
13	2 10 2
14	2 10 2
15	1 9 3
16	1 8 3
17	1 9 4
18	1 10 4
19	1 10 4
20	1 11 4

Column clues:

Col	1	2	3	4	5	6	7	8	9	10	11	12	13	14	15	16	17	18	19	20
	20	14	4	5	5	1	2	4	4	4	2	8	2	3	7	9	10	10	18	18
			5	9	11	13	13	14	14	14	9	3	6	2			4	6		
											4		1							

A13

여름엔 꼭 필요해요

난이도

★☆☆☆☆ (1.5)

20×20

Column clues (top to bottom):

Col	Clue
1	12
2	12
3	12
4	6 2 3
5	5 2 2
6	3 2 2 1
7	3 3 2 1
8	2 3 1 1
9	4 2 1 1
10	2 4 2 3
11	1 3 8
12	1 11
13	2 4 1 3
14	6 1 1 1
15	2 2 2 1
16	3 2 2 1
17	4 2 1 1
18	7 1 2
19	8 5
20	12

Row clues (left to right):

Row	Clue
1	20
2	10 8
3	7 1 1 5
4	5 2 1 4
5	6 1 1 3
6	4 2 1 2 3
7	3 1 2 1 4
8	3 2 1 1 2 2
9	4 1 1 1 2 1
10	5 2 1 1 2
11	3 2 2 1 1 3
12	4 2 1 2 2 2
13	1 2 2 2 1
14	2 7 2
15	1 4 1
16	12
17	2
18	2
19	2
20	2

A14

성탄절에 볼 수 있는 특별한 사탕

난이도

★☆☆☆☆ (1.5)

20×20

Column clues (top to bottom):

Col	Clue
1	3
2	1 4
3	2 2 1
4	3 2 1 1
5	5 2 6
6	2 1 8
7	3 9
8	3 3 1
9	6 2
10	4 9
11	2 1 10
12	5 2 9
13	5 2 2 2
14	4 3 3 1
15	1 7 6
16	1 2 4 3
17	2 3 3
18	1 3 2
19	8
20	4

Row clues (left to right):

Row	Clue
1	7
2	5 3
3	1 3 1
4	1 4 4
5	4 6
6	4 6
7	6 2 2
8	2 4 4 1
9	2 2 8
10	3 4 4
11	5 2
12	11 2
13	6 6
14	2 7
15	3 3 2
16	5 5 2
17	2 5 5
18	2 3 2
19	2 2 2
20	5 1

A15

똑똑한 친구예요

난이도

★⯪☆☆☆

20×20

Column clues (top to bottom):

Col	Clues
1	5 2 4 3
2	4 2 7
3	4 3 4 1
4	2 1 1 6
5	1 1 1 7
6	1 1 1 6
7	1 2 1 1 3 1
8	1 2 1 2 6
9	1 2 3 3 3
10	1 1 2 6
11	2 2 1 1 4
12	1 2 3 5
13	2 2 1 2 3
14	1 4 2 1 2
15	2 3 3
16	4 3 3
17	1 3 4
18	2 5 1
19	3 7
20	2 7

Row clues (left to right):

Row	Clues
1	11
2	4 3
3	3 6
4	3 2 2 3
5	1 2 1 2
6	1 4
7	9 1 1 2
8	3 2 1 2
9	6 3 1
10	3 2 2
11	1 2 1
12	2 3 1
13	1 3 2 1
14	2 1 1 2 2
15	6 3 4 2
16	13 1 2
17	7 3 1 1
18	17 1
19	2 3 10 1
20	10 2 4 1

A16

놓치면 넘어져요~

난이도

★⯪☆☆☆

20×20

Column clues (top to bottom):

Col	Clues
1	5
2	3 3
3	1 2
4	2 1 2
5	6 2 1
6	9 3
7	6 4 3
8	6 1 1
9	5 3 2 1
10	4 1 5 1
11	3 1 1 1
12	2 1 2 1
13	2 7 2
14	2 1 1 2
15	4 2 2 2
16	7 5 3
17	7 5
18	9
19	5
20	0

Row clues (left to right):

Row	Clues
1	8
2	9
3	5 3
4	5 3
5	4 3
6	5 3
7	8 2 3
8	1 3 2 3 3
9	2 2 1 1 5
10	1 3 1 1 1 2
11	1 3 1 1 1 2
12	1 2 1 1 4
13	2 1 2 2 4
14	1 9 1
15	2 1
16	2 2
17	2 1
18	3 2
19	2 3
20	10

A17

기다란 막대로 머리를 묶어요

난이도

★★☆☆☆ (1.5)

20×20

	1	2	3	4	5	6	7	8	9	10	11	12	13	14	15	16	17	18	19	20
				5	5	5									7					
				1	2	2	6		10	8	7	13			3	3	3	2	1	
		4	3	3	3	1	1	6	2	2	2	2	15	13	2	3	3	3	2	3
	8	5	2	1	2	3	4	6	1	2	2	1	2	3	3	5	4	3	3	2

				9
				13
				14
				15
			2	12
		1	9	2
		1	10	1
	1	2	6	1
2	4	1	6	2
2	2	1	3	2
			2	8
			1	8
		3	1	6
		3	2	2
	2	3	1	1
		4	2	2
		2	2	2
		3	2	6
		2	3	8
		3	1	9

A18

올림픽의 상징이에요

난이도

★★☆☆☆

20×20

	1	2	3	4	5	6	7	8	9	10	11	12	13	14	15	16	17	18	19	20
				2			1								2			2		
	2	6		5	8	3	2	4					3		2	10	8	4	8	4
	5	1	8	3	2	7	2	1	5	6		8	2	2	4	2	2	3	2	3
	2	3	4	2	3	3	3	3	4	6	15	4	3	3	3	2	2	1	1	4

		9	3	6
		6	6	6
2	2	6	2	2
		5	5	5
		5	4	5
		6	3	6
	1	5	3	5
	7	2	2	2
		1	1	2
		1	2	2
		2	2	2
		4	2	4
		1	7	2
		2	4	2
		1	6	1
	1	3	3	2
	2	3	3	2
	1	3	3	1
	2	3	3	1
		1	2	4

A19

환경을 보호해요

난이도

★★☆☆☆

20×20

열	1	2	3	4	5	6	7	8	9	10	11	12	13	14	15	16	17	18	19	20
힌트	4 3 4	5 4 3	5 3 2	5 4	6	1 2	2 3 1 1 1	3 3 7 2	4 1 1 2 4	3 1 1 1 1 1	2 1 1 1 1 1	1 1 1 1 2 1	1 1 1 3 1	1 1 1 1	1 1 1 1	1 1 1 1	1 1 1 2	1 1 1 6	3 7 4	3 4

행	힌트
1	3
2	3
3	2 3
4	3 3
5	4 12
6	4 1 1
7	3 14
8	2 1 1
9	2 14
10	2 1 1 1
11	3 1 1 1
12	8 1
13	5 2 1
14	2 6 1
15	2 2 1 2
16	2 2 1
17	2 4 3
18	2 2 3
19	1 3 4
20	1 12

A20

멀리에서도 잘 들려요

난이도

★★☆☆☆

20×20

열	1	2	3	4	5	6	7	8	9	10	11	12	13	14	15	16	17	18	19	20
힌트	2	5	6	2 3	2 1	2 2	5 4	11 2 3	14 2	1 12 1	2 8 2 2	2 1 5 4	2 2 4 2	1 2 6	2 2 4	2 1 2 3	2 2 2 2	2 3 3 2	2 3	6

행	힌트
1	3
2	3 4
3	2 2 3
4	2 2 2
5	3 2 2 1
6	3 2 2 1
7	4 1 1 1
8	7 1 1 1
9	5 2 2 1
10	7 1 2
11	10 1
12	2 9 2
13	2 9 1
14	2 11
15	2 3 4
16	4 2 2
17	7 2
18	3 3 2
19	3 3
20	5

A21 첫눈에 반했어요

난이도 ★☆☆☆☆

25×25

Column clues (left to right, top to bottom):

Column	Clues
1	19 4
2	8 1 3
3	5 4 3
4	3 7 2
5	2 9
6	1 14
7	1 8 2 2
8	5 1 1
9	6 2 1
10	3 3 1
11	3 6 1
12	5 3 1
13	3 9 1
14	10 2 1 2
15	2 1 1 8 1 1 3
16	1 1 2 9 7
17	1 1 2 1 3
18	1 2 1 1 1 1 1 5
19	1 3 2 1 2 1 5
20	2 16 5
21	3 11 2
22	9 3 1 5
23	7 2 5
24	4 3 5
25	7 1

Row clues (top to bottom):

Row	Clues
1	7 7
2	5 2 3
3	4 2 4 2
4	3 3 3 2
5	3 2 2 2
6	2 3 1 4
7	2 1 1 4
8	2 2 6
9	1 11
10	1 5 4 5
11	1 8 3 2 2
12	1 8 1 2 2 1
13	1 7 3 8 1
14	1 7 2 2 3 1
15	1 5 1 2 2 3 1
16	1 5 2 1 3 1
17	1 4 10 2
18	1 2 3 2 1 2 2
19	13 10
20	2 2 7
21	3 1 2 1 3 3
22	2 1 1 1 3 3
23	2 2 2 3 3
24	1 2 3 3 3
25	8 3 3

A22 식사 중이에요

난이도 ★★☆☆☆

25×25

Column clues (top to bottom, columns 1–25)

Column	Clues
1	2 3
2	3 3
3	2 2 3
4	6 1 1 3
5	6 2 3 3
6	5 2 1 2 2 5
7	4 2 4 5 3
8	3 6 3
9	1 1 4 3 1
10	1 4 5 1
11	3 2 3 1
12	4 2 3 2
13	6 3 5
14	7 6 8
15	5 5 7 1
16	2 3 2 2 1
17	1 2 1 1 1
18	2 3
19	6 3
20	12 4
21	6 6 5
22	8 9 3
23	10 2 3
24	5 3 3 3
25	3 4 3

Row clues (left to right, rows 1–25)

Row	Clues
1	2 2
2	3 3 3
3	4 4 5
4	10 5
5	5 5 6
6	2 3 5
7	1 2 2 2 4
8	1 2 2 2 4
9	1 2 5 1 2
10	3 1 2 3 1
11	3 13 3 2
12	2 1 11 3 1
13	2 7 3 4 2
14	8 2 4 1
15	1 1 4 1
16	2 2 3 2
17	2 2 1 1
18	1 1 2 3
19	1 1 2 2
20	1 1 2 1
21	2 2 3 2
22	1 2 4 2
23	9 13
24	8 3 8
25	25

A23 점프한 후 앙!

난이도 ★★☆☆☆ (1.5 / 5)

25×25

Column clues (left to right, top to bottom):

Column	Clue
1	16
2	2 10
3	2 3 2
4	2 2 1
5	2 1 2 1
6	4 5
7	2 6
8	2 8
9	2 5 4
10	2 1 2
11	3 1 1 1 1
12	1 2 2 2 2 3 1
13	1 1 2 10
14	2 6 1 2 5
15	1 1 3 2 1 5
16	3 1 3 1 5
17	2 1 4 3 5
18	1 2 7 2 4
19	1 6 2 4
20	1 9 1 4
21	2 2 7 2 1 4
22	2 12 3 4
23	1 1 9 4
24	1 2 6 4
25	3 4 4

Row clues (top to bottom):

Row	Clue
1	4 4
2	1 9 1
3	2 2 1 2
4	3 1 3
5	2 1 2
6	1 1 2
7	2 2
8	4 2 2
9	3 3 2 7
10	6 2 11
11	2 4 9
12	1 3 9
13	1 3 2 9
14	1 1 2 7
15	1 2 1 4
16	2 1 2 2 1
17	3 1 2 1 2
18	3 2 7 2
19	3 6 2 1
20	2 3 1 4
21	2 3 6
22	2 5 14
23	2 5 14
24	3 5 13
25	25

A24 낙타와 친척이래요!

난이도 ★☆☆☆☆

25×25

Column	Clues
1	3 2
2	6
3	1 1 3
4	1 3 7
5	4 9 2 3
6	2 2 2 1 1 3
7	4 2 1 2
8	1 2
9	4
10	2 2 2
11	6 2 2 1
12	9 2
13	4 2 3
14	5 8 4
15	6 4 2 1
16	6 5 3 1
17	7 4 2 4
18	7 4 3 4
19	7 4 2 4
20	6 3 4 3
21	5 3 2 2 2
22	6 6 2
23	7 1
24	8 3 3
25	9 8

Row	Clues
1	2 2
2	3 3 1
3	1 1 1 1 2
4	7 3 3
5	4 2 6 4
6	2 2 1 12
7	3 2 15
8	2 1 14
9	4 15
10	7 15
11	6 1
12	1 2 6
13	2 12
14	1 13
15	3 1 6 1 1
16	2 3 3 2
17	1 1 6 1
18	2 7 1 1
19	2 3 1 1 1
20	1 1 1 1 1
21	2 2 1
22	1 1 5 1
23	2 8 2
24	2 5 5 1
25	2 1 3 3 1 1

A25 마음 속엔 남아 있어요

난이도 ★⯪☆☆☆

25×25

Column clues (top to bottom)

Column	Clue
1	1
2	1
3	25
4	25
5	2 2 2 5
6	2 2 3 2 2
7	2 2 7 7
8	2 2 10 1 2
9	4 7 2 1 2
10	3 2 3 2 4 2
11	2 2 3 2 2 1 2 2
12	4 4 1 1 2 2
13	4 4 2 1 1 1 2
14	2 2 4 1 1 1 2 2
15	3 5 2 1 1 2 2
16	4 5 2 4 2
17	2 2 6 4 2
18	2 2 9 2 2
19	2 2 6 7
20	2 2 2 1 2
21	2 2 2 2 2
22	25
23	25
24	1
25	1

Row clues (left to right)

Row	Clue
1	21
2	21
3	2 2 2 2 2
4	2 2 4 2 2
5	2 2 2 2 2 2
6	2 2 2 2 2 2
7	4 2 7 2 2
8	3 12 4
9	2 14 3
10	2 5 3 5 2
11	7 7
12	3 5 6 3
13	2 2 2 1 2 2 2
14	2 2 1 2 2
15	2 1 1 1 1 2
16	2 2 4 2 2
17	2 2 2 2
18	2 9 2
19	2 4 5 2
20	4 2 2 2 1 5
21	5 2 2 1 3
22	3 1 3 1 2
23	3 1 1 2
24	21
25	21

A26 보글보글

난이도 ★★☆☆☆

25×25

Column clues (top to bottom, columns 1–25):

Column	Clues
1	1 7 2
2	1 3 3 1
3	1 1 1 2 1
4	1 1 1 2 1
5	1 1 1 2 1
6	1 3 3 1
7	1 3 7 2
8	1 4 5 3
9	1 8 2 2
10	8 4
11	5 4
12	3 4
13	2 1 4
14	3 1 4
15	1 1 1 4
16	3 1 4
17	2 1 4
18	3 4
19	3 4
20	1 6 4 1
21	1 3 3 2 2 2
22	1 3 6 3
23	1 6 1 4
24	1 8 1 5
25	1 6 1 6

Row clues (left to right, rows 1–25):

Row	Clues
1	3
2	1 1
3	5
4	13 9
5	3 2
6	14
7	5 4
8	5 5
9	3 5
10	2 1 3
11	2 2 3
12	1 1 3
13	2 2 2
14	5 1 1 2
15	2 3 1 2
16	8 1
17	1 3 2
18	1 1 2 6
19	1 1 11
20	1 1 13 1
21	2 2 13 2
22	5 1 9 3
23	5 1 4
24	1 2 5
25	7 6

A27 음메~

난이도 ★½☆☆☆

25×25

Column	Clues
1	4 13
2	3 11 2
3	3 2 7 4
4	4 2 6 2
5	3 2 4 6
6	3 5 3
7	1 6 2
8	10 1
9	2 6 2 3
10	4 5 1 2
11	10 2 2 4
12	6 1 2 1 4
13	6 3 1 1 2
14	5 1 1 1 2
15	4 2 1 1 4
16	3 1 1 1 1
17	1 2 1 1 1
18	1 1 1 1 1
19	3 2 3 1 4 3
20	3 2 1 2 5 2
21	1 2 2 6 2
22	2 2 2 10
23	1 7 2
24	1 2 5
25	3

Row	Clues
1	4 3
2	4 5 2 2 4
3	5 14 1
4	4 7 2 2
5	2 5 2
6	1 9 2 2
7	2 8 2 2 2
8	10 1
9	2 10 5 1
10	1 6 1 3 1 3
11	4 3 1 1 3
12	5 1 1
13	5 1 1 1 1
14	5 1 2 2 1
15	5 2 9 2
16	4 3 3
17	3 1 12
18	1 1 4
19	1 2 4
20	1 3 1 4
21	1 1 2 1 1 3
22	3 5 2 1 1 1
23	3 2 4 5 1
24	2 4 4
25	3 3

A28 임금님이 주신 종이꽃

난이도 ★★☆☆☆

25×25

열	힌트
1	3 3 7
2	2 9 7
3	7 2 7
4	5 2 7
5	2 3 2 2 7
6	3 3 6 7
7	4 7 7
8	4 5 2 1
9	2 3 2 2
10	1 3 2 2 1
11	2 3 3 1 1
12	5 2 2 1 4
13	3 6 1 8
14	3 7 3 6
15	4 5 12
16	1 2 5 1 8
17	2 7 1 2 3
18	2 5 1 3
19	3 7 1 4
20	9 5 1
21	7 2 1
22	2 1 1
23	2 2 1
24	2 3 2
25	2 7

행	힌트
1	5 6
2	5 5 3
3	5 5 2
4	1 3 3 3 2
5	4 3 1 1
6	4 5 6
7	3 2 6
8	2 4 9
9	4 3 9
10	4 3 9
11	3 1 2 3
12	1 3 4 1 3
13	1 3 6 5
14	3 2 3 2 3 2
15	3 1 4 1
16	2 2 4 4
17	2 3 2 3 2
18	2 4 3 1
19	9 1 5 2
20	8 12 1
21	7 4 1
22	7 5 1
23	7 6 1
24	7 6 2
25	8 6 4

A29 좋지 않은 습관이에요

난이도 ★★☆☆☆

25×25

Column clues (left to right, top to bottom):

Column	Clues
1	8 3
2	8 4
3	8 1 3
4	8 2 3
5	8 6 2
6	9 4 2 2
7	6 3 5
8	5 2 5
9	5 1 1
10	5 1 5 2
11	2 1 6 5
12	1 2 2 12
13	4 3 2 8
14	1 3 2 3
15	2 1 1 1 2 2
16	2 1 3 2 5
17	1 2 2 2 2 2
18	1 3 2 2 2
19	2 2 1 5 3
20	2 2 2 2 5
21	2 3 3 4
22	2 1 7
23	1 6 12
24	7 16
25	8 4 4

Row clues (top to bottom):

Row	Clues
1	10 1 3 2 1
2	10 1 2 2 2
3	10 3 2 2
4	13 2 2
5	11 3 3
6	7 6 3
7	6 4 2 3
8	6 3 5 2 3
9	3 1 4
10	1 2 1 2
11	2 1 2 2 1
12	1 3 3 1
13	1 1 2 2
14	2 2 3 3
15	1 3 2 5
16	1 4 9
17	1 4 7
18	2 1 3 1 3
19	7 3 2 3
20	2 2 4 7
21	1 3 3 4 5
22	8 3 2 2 3
23	5 2 3 1 3 3
24	4 3 5 3
25	3 5 3

A30 순해 보이지만 알고 보면 무서워요

난이도 ★★☆☆☆

25×25

Column clues (top to bottom):

Column	Clues
1	5 3 4
2	3 4 6 3
3	3 1 4 1 1 2 2
4	3 11 1 2 1
5	1 11 2 2 1
6	1 11 2 3
7	1 11 1 1 2
8	3 7 1 1 1 3
9	1 1 7 1 2 2
10	3 9 1 2 2
11	3 7 2 1 2
12	2 6 2 1 2
13	2 2 1 2
14	1 2 4 1 2
15	1 2 2 1 2
16	1 2 1 2
17	1 1 3 2 2
18	4 1 2 2
19	1 2 2 2
20	1 2 1 2
21	3 2 2
22	3 2 3
23	3 3 3
24	4 4 2
25	13 3

Row clues (left to right):

Row	Clues
1	3 4
2	3 3 3
3	3 1 7
4	2 1 2
5	1 2 1
6	1 2 5
7	1 4 1 2
8	10 7
9	1 5 3 3 4
10	1 5 3 3
11	11 2
12	10 1 1
13	10 1 1 1
14	11 1 2 1
15	1 4 3 3 1
16	2 4 2 3 1
17	9 2 1
18	2 2 2
19	10 3
20	2 5
21	1 4 8
22	1 4 11 1
23	2 5 4
24	3 20
25	5 16

A31 여행 가방 속에 들어갈 수 있어요

난이도 ★★☆☆☆

25×25

열	단서
1	1
2	1
3	2 6
4	12
5	2 3 5
6	4 2 2 4
7	9 1 2 3
8	2 3 2 3
9	2 1 2 2 3 3
10	1 1 2 2 2 3 2
11	1 4 1 1 1 2 2
12	1 1 1 1 2 2 2
13	1 2 1 3 2
14	1 1 2 2 3 3
15	1 1 2 5 1 1
16	2 1 6 1 1
17	3 8 2 1
18	7 8 4 1
19	5 6 4
20	9 1
21	1 3
22	2 5
23	8 1
24	1
25	1

행	단서
1	9
2	2 4
3	2 4
4	2 3
5	2 2 2 3
6	2 3
7	2 3 3 1 1
8	1 3 2 1 1
9	1 1 1 2
10	1 5 5
11	2 1 1 3 2
12	2 3 3 1
13	6 5 1
14	4 10 1
15	2 6 1
16	6 7 1
17	10 4 1
18	3 2 2 2
19	2 2 2 1
20	2 2 1 1
21	5 1 1 4
22	4 3 2
23	6 4 1 1
24	11 3
25	16

A32 물감의 짝꿍이에요

난이도 ★★☆☆☆

25×25

												2												
												1	2											
					2	2		2		2		3	3	2	2		2							
			2	2	2	2	2	2		1	2	3	1	5	1	2	2		2	1				
			4	6	5	3	4	2	2	2	1	2	2	1	2	1	4	2	4	5		5	1	
	2	2	1	1	2	2	2	1	5	3	4	2	2	2	3	6	2	5	3	2	6	2	2	
2	2	2	3	5	1	1	2	3	3	2	4	2	5	3	2	3	2	5	3	2	5	3	3	2
6	3	3	2	3	2	2	2	2	2	2	2	2	2	2	3	3	2	3	3	4	4	4	5	8

					21	2
				20	2	1
						5
					10	4
				4	2	6
			3	2	4	4
		2	4	1	2	6
		2	3	3	4	2
				2	4	1
				2	5	2
		3	2	2	2	1
		3	1	1	4	1
	2	2	2	1	2	1
		2	3	2	4	1
			4	7	2	2
			2	5	2	2
			2	4	4	3
	1	6	2	1	2	2
	1	2	1	4	4	3
1	2	2	2	2	2	3
			2	4	5	3
				3	3	4
					4	6
						17
						13

A33 희고 깨끗한 새예요

난이도 ★★☆☆☆ (2.5/5)

25×25

								1																
								2	1	1						1					2			
							2	2	2	1	1	2			2	1	1		2		2	2	3	
			3	3	3	7	6	1	2	4	2	6		2	1	2	1	1	2	2	1	3	3	
7	3	4	2	5	3	1	1	1	1	1	8	2	7	2	2	4	2	1	1	2	1	2	1	
1	3	2	2	5	9	2	2	2	1	1	1	1	2	2	6	1	5	1	4	6	2	1	1	11
2	2	2	2	2	1	2	2	1	1	2	2	2	4	8	1	2	4	7	1	2	2	2	2	2

					7
				2	4
			2	2	5
				6	1
				5	8
		3	2	4	3
		3	3	4	3
		3	4	1	2
		6	2	2	1
	1	2	2	2	2
	1	1	3	1	1
1	2	2	1	2	1
1	1	2	2	2	1
2	1	2	1	3	3
	2	1	1	2	6
	4	8	3	1	2
		3	2	7	1
		4	5	1	3
		5	5	2	1
			2	2	8
			1	2	2
					19
			9	3	8
			5	5	3
					12

A34 옷에 튀지 않게 조심해요

난이도 ★☆☆☆☆

20×30

Column clues (top to bottom):

1	2	3	4	5	6	7	8	9	10	11	12	13	14	15	16	17	18	19	20
5	2 3	2 2	2 2 5	2 4 2 1	1 2 2 8	5 22	4 2 6 1 13	3 3 2 1 2 8	2 2 1 1 2 1 2 7	2 1 1 7 7	2 2 3 7 7	3 3 7 8	7 22	4 22	2 2 2 1 8	2 3 1 1	2 5	3 3	5

Row clues:

Row	Clue
1	7
2	9
3	3 3
4	2 1 1 2
5	1 1 1 2
6	2 1
7	2 2
8	5
9	3 4
10	4 3 3
11	2 2 4
12	2 2 2 2
13	2 9 2
14	2 10 1
15	1 3 6 2
16	1 2 11 1
17	1 2 1 5 1 1
18	2 1 11 1
19	1 11 2
20	2 4 2 1
21	3 2 6
22	1 2 2 1
23	1 4 4 1
24	1 11 1
25	15
26	11
27	11
28	11
29	11
30	11

A35 고민 있어요?

난이도 ★☆☆☆☆ (1.5/5)

20×30

Column clues (left to right, top to bottom):

Column	Clues
1	9 3
2	11 2 2
3	7 1 2 2 1
4	6 1 2 2 2
5	5 3 1 3
6	6 4
7	7 1 11
8	7 1 1 1 1 1
9	7 1 2 2 1 2
10	7 1 1 7
11	6 2 1 1
12	8 2 8 2
13	11 11
14	9 11 2
15	7 1 7
16	5 1 3 2
17	3 16
18	2 8 2
19	3 12
20	11

Row clues (top to bottom):

Row	Clues
1	10
2	12
3	14
4	15
5	15
6	4 10
7	3 4 5
8	2 5
9	5 3 4
10	2 1 4
11	2 2 2 2
12	2 3 2 1
13	2 1 1 2 2
14	8 2
15	1 1 1 1 1
16	3 1 1 1 1 2
17	2 2 1 2 1 1 1
18	1 1 1 3 1 1 1
19	2 2 1 1 1 1 4
20	3 1 1 3 4
21	4 3 4
22	1 1 9
23	1 2 3 4
24	3 9
25	9
26	1 6
27	1 1 1 1
28	1 1 1 1
29	8
30	9

A36 반대로 서 있어요

난이도 ★☆☆☆☆ (1.5 stars)

20×30

Column clues (top to bottom, columns 1–20):

	1	2	3	4	5	6	7	8	9	10	11	12	13	14	15	16	17	18	19	20
			2	1	13	12	11			2										
			2	5	2	2	2	9	4	8	1									
		4	4	6	1	1	2	3	6	1	9			6						
		6	2	2	1	1	1	1	1	4	1	17	9	2	1	2	2	2	1	
	4	2	2	8	1	1	6	2	8	1	2	1	5	1	2	1	2	1	3	4

Row clues (left to right, rows 1–30):

Row	Clues
1	3 3
2	2 2 2 1
3	1 3 1 2
4	1 4 1 4
5	6 6
6	6 5
7	11
8	11
9	10
10	9
11	9
12	8
13	5 1 3
14	1 5 2 1
15	1 1 2 1
16	7 1 3 2
17	9 3 1
18	4 3 1 3
19	3 1 2 1 3
20	2 1 1 2 3
21	2 1 1 3
22	2 4
23	5 1
24	1 1
25	5
26	1 1
27	1 1
28	1 1
29	3 1
30	6

A37 가을의 상징

난이도 ★★☆☆☆

20×30

Column	Clues
1	4
2	3 4
3	3 5 7
4	4 5 3 3
5	2 1 8 2
6	6 1 4 1
7	3 1 8 4 1
8	2 2 2 12 4
9	2 1 6 11
10	2 1 1 3 2 2 1
11	3 1 2 2 2 1
12	4 4 1 2 2 1
13	9 4 4 1
14	4 1 3 3 2 2
15	5 3 2 2 1
16	2 4 4 1
17	2 2 2
18	3 5 3
19	3 4 5
20	5 4

Row	Clues
1	7
2	9
3	2 4
4	1 3
5	3 1 2
6	1 1 1
7	2 2
8	2 4
9	6 2 1
10	2 1 2 3
11	1 5 4
12	2 4 1 1
13	2 4 4 2
14	1 3 2 1
15	2 2 2 1 2
16	2 2 2 1 1
17	2 1 2 1 1
18	4 1 2 2 1
19	6 1 1 2
20	1 5 2 1
21	1 10 1
22	2 1 9 2
23	1 2 1 1 4
24	3 1 2 3
25	2 1 3 1
26	1 1 2 2
27	3 2 2
28	4 2 3
29	5 2 7
30	14 4

A38 많은 물건을 실을 수 있어요

난이도 ★☆☆☆☆

30×20

열	단서
1	4 4
2	6 6
3	2 2 2 2
4	5 13 6
5	2 6 1 6 2
6	1 1 4 1 4 3
7	3 17 1
8	1 1 2
9	1 1 16
10	12 15
11	6 4 11
12	2 2 1 2 8
13	1 2 2 4
14	2 6 3
15	2 5 1
16	8 1
17	1 1
18	1 1
19	1 1
20	19

행	단서
1	7
2	2 1 3
3	1 2 5
4	1 2 2
5	4 3 2
6	6 3 1
7	2 2 1 1 1
8	2 2 1 5
9	6 2 4
10	4 2 3
11	1 7
12	1 14
13	4 1
14	1 1 1
15	1 1 1 1
16	1 1 2 1
17	1 1 2 1
18	1 1 2 1
19	1 1 2 1
20	4 1 3 1
21	7 3 1
22	2 3 3 1
23	2 3 4 1
24	7 4 1
25	4 1 4 1
26	1 1 4 1
27	1 1 5 1
28	1 2 6 1
29	3 7 1
30	3 16

A39 악수 대신 해요

난이도 ★☆☆☆☆

30×20

Row	Clues
1	10
2	10
3	1 5
4	2 2
5	1 1
6	2 1
7	1 1 2
8	2 1 1
9	1 2 1
10	1 2 1
11	2 3 1
12	6 5 1
13	8 1 7
14	8 2 4 2
15	9 4 1 1 1
16	5 3 1 1 1 1
17	4 1 2 1 1 3
18	4 2 2 2 1 2
19	3 1 5 4
20	1 1 1 4 1
21	2 1 1 1
22	1 1
23	2 1
24	1 2
25	2 1 3
26	2 5
27	2 5
28	4 1 3
29	7 7 2
30	10 2

Column	Clues
1	7 1
2	7 1
3	9 2
4	7 3 2
5	5 3 2
6	4 3 2 2
7	8 2 2
8	9 4
9	3 1 6 3
10	3 2 3 1 1
11	4 2 1 2
12	2 1 1 4 1
13	2 2 6 1
14	2 6 2 1
15	2 2 3 2 1
16	3 3 8 6
17	3 3 6 2 1
18	3 1 5 4
19	7 2 2 6
20	4 11 6

A40 쓱싹쓱싹

난이도 ★★☆☆☆

30×20

Column clues (top, 20 columns):

1	2	3	4	5	6	7	8	9	10	11	12	13	14	15	16	17	18	19	20
		1	1	1															
		4	2	3	1	1													
	2	4	2	2	2	1													
8	4	4	6	6	2	3	7	2			3	3	3	3	1	2	2	2	
4	4	4	2	2	3	3	2	3	6	4	3	2	3	4	2	3	3	2	3
5	9	4	4	5	6	3	3	2	3	5	4	5	7	10	15	14	13	11	8

Row clues (right, 30 rows):

Row						
1	5	4				
2	2	2	2	2		
3	2	2	4	4	2	
4	1	4	1	1	2	2
5	1	1	2	1	4	1
6	1	1	2	2	2	
7	1	6	2	2		
8	1	4	3	1		
9	2	2	2			
10	9	1				
11	6	2				
12	6	2				
13	3	1				
14	2	3				
15	4	3				
16	2	2	2			
17	2	2	3			
18	3	1	4			
19	1	2	5			
20	2	1	6			
21	3	11				
22	3	11				
23	5	12				
24	3	2	2	9		
25	2	3	8			
26	3	4	7			
27	7	6				
28	5	5				
29	4	3				
30	2					

A41 키가 커져요

난이도 ★★☆☆☆

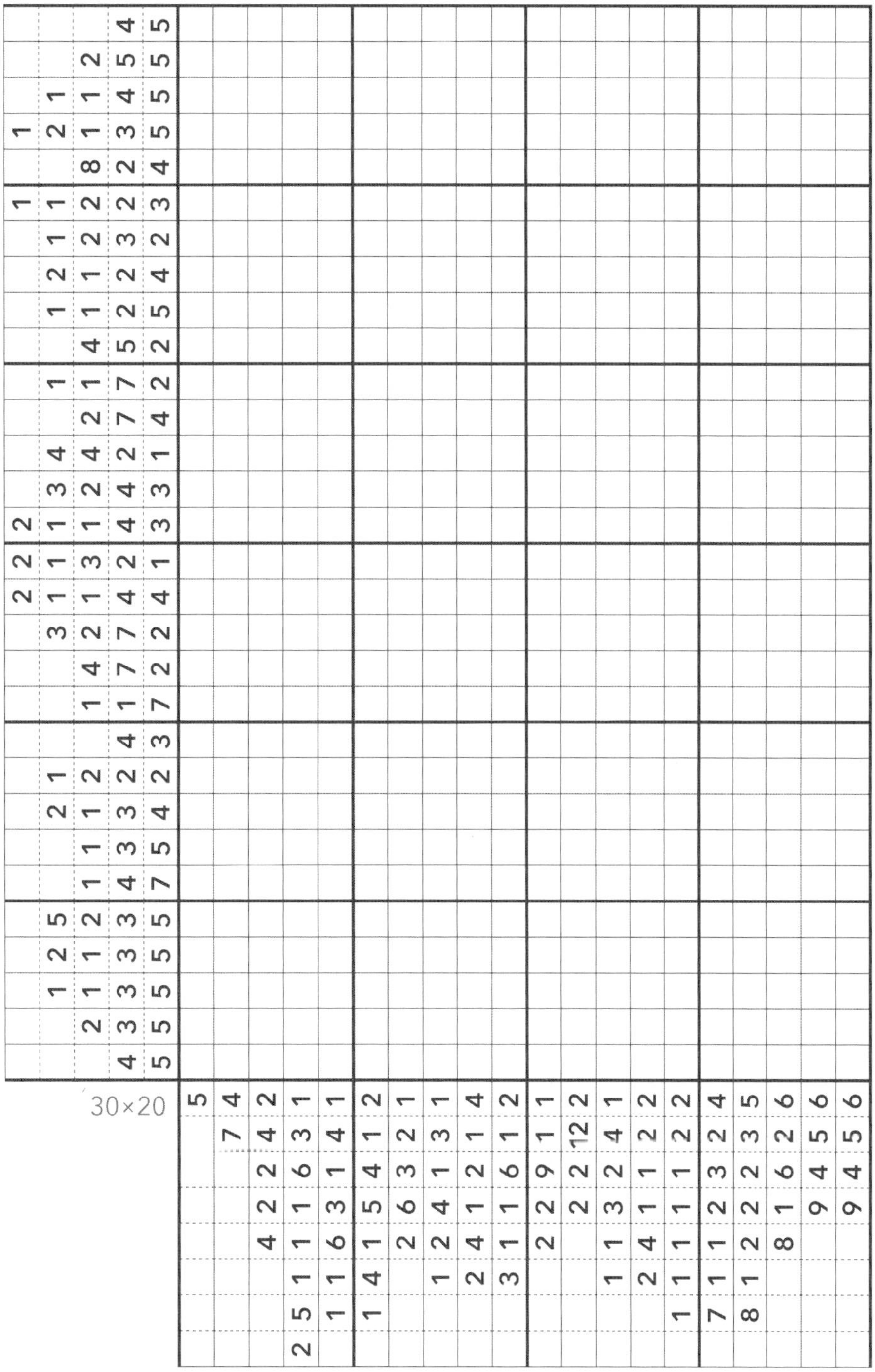

A42 먼저 깜빡이는 사람이 지는 게임

난이도 ★★☆☆☆

30×20

열	단서
1	5 1 7
2	1 2 2 2 2
3	1 2 1 1
4	2 2 2
5	2 2 1
6	6 2
7	2 5 5
8	2 2 1 5 1 1
9	5 1 2 1 2
10	4 1 2 2 2 1
11	1 3 1 2 3 1
12	2 3 4 2 5
13	2 5 1 5
14	3 2 7
15	5 2 3 4 3
16	6 2 3 5
17	7 2 3 3
18	8 3 3 5
19	9 3 3 6
20	9 3 4 7

행	단서
1	10
2	9
3	7
4	6
5	1 6
6	2 5
7	1 1 4
8	1 2 2 3
9	2 4 2 2
10	1 3 1
11	1 1 2
12	1 4 3 1
13	2 4 4 3
14	3 2 10
15	2 6
16	9
17	6 4 5
18	2 7
19	2 9
20	3 2 5 1
21	2 4 2 2
22	1 5 3
23	1 3
24	1 2 3 1
25	3 3 2 2
26	2 5 1 3
27	1 1 1 2 3
28	1 1 6
29	1 1 4
30	4

B43 손 위에서 반짝반짝 빛나요

난이도 ★★⯪☆☆

30×30

열	힌트
1	16
2	3 4 2 3 1
3	2 4 2 3 1
4	1 2 2 2
5	2 2 2 5 1
6	2 2 2 2 2 1
7	2 2 2 3 4
8	2 3 2 2 4
9	3 2 2 2 3 1
10	2 2 3 2 5
11	2 3 2 5
12	1 6 6
13	2 2 2 5
14	1 2 1 1 2 4
15	1 1 4 1 4
16	1 2 1 2 5
17	5 2 3 2
18	5 7
19	3 7
20	2 4 2
21	2 5 3
22	1 4 2
23	3
24	6 2
25	2 5 3
26	3 5 3
27	4 8
28	3 6
29	6 6 1
30	2 4 3 5

행	힌트
1	4
2	3
3	2
4	2
5	1
6	2
7	2 1
8	2 2
9	2 2
10	3 1
11	2 2 1
12	1 2 2
13	2 2 2 4
14	3 2 3 2 1
15	4 2 1 1 1 2
16	3 2 1 2 2 2 2
17	2 2 2 7 4
18	2 2 4 4 5
19	1 2 2 2 3 2
20	1 2 2 2 4 2
21	3 2 2 2
22	2 3 3 6 1
23	1 3 2 8 2
24	1 3 2 5 4 2
25	1 2 3 6 6
26	5 13 6
27	3 15 4
28	3 8 3 4 6
29	1 2 3 9 5 1
30	3 6 4 2 7

B44 이 집엔 누가 살까요?

난이도 ★★☆☆☆ (2.5/5)

30×30

Column clues (left to right, top to bottom)

Column	Clues
1	7 8
2	5 3 1 2 1 2
3	5 4 3 4
4	1 2 1 2 4
5	2 3 3
6	7 1
7	2 5 5
8	4 2 2 4 2 3
9	1 2 1 1 2 3 3
10	2 3 4 1 3 2 1
11	4 4 3 2 2 1 1
12	1 3 2 3 2 8
13	2 3 1 2 3 2 1
14	2 3 2 4 7
15	2 4 3 2 1
16	10 3 2 1 1 1
17	1 3 4 1 2 1
18	2 5 2 2 7
19	5 2 3 3 1
20	2 3 2 2 2 8
21	2 7 3 2 2 1
22	1 3 1 2 2 3 1
23	5 2 2 4 3 2
24	1 1 5 1 3 1 2
25	4 2 2 4
26	2 9 1
27	1
28	6 1
29	1 9 1
30	15

Row clues (top to bottom, left to right)

Row	Clues
1	3 3
2	1 2 1 2 3
3	4 3 3 1
4	1 3 2 2 1
5	2 1 1 1 1 5
6	2 1 2 2 1 1 2 2
7	4 1 2 1 1 1 2 1
8	4 2 2 2 1 1 2 3
9	3 5 1 1 6
10	2 11
11	1 3 2 1 2 3
12	3 1 3 3 4
13	5 1 1 3 2 1 2
14	4 1 2 2 2 2 2 1 1
15	1 3 3 2 3
16	1 4 4 2 1 3
17	4 2 2 4 1 3
18	3 4 3 1 3
19	1 1 4 2 2 1 3
20	1 2 2 7 2 2
21	1 3 2 2 3 2
22	2 1 3 2 3 2 1 1 2
23	1 1 3 3 2 2 2 2 1 2
24	3 1 2 1 1 4 2 1
25	2 1 1 1 1 1 4 1
26	1 2 2 3 1 1 3 1 1
27	10 1 1 1 2 7
28	1 3 2 1 1 1 1 2
29	4 15
30	3

B45 무너지지 않게 잘 쳐야 해요

난이도 ★★☆☆☆ (2.5)

30×30

Column clues (top to bottom)

Column	Clues
1	7 1
2	3 2 1
3	10 2 2 1 2
4	6 6 1 1 4
5	4 1 3 2 3
6	3 2 1 1 1 1 3
7	3 2 2 2 1 1 3
8	2 2 4 2 1 1 1
9	2 1 2 4 1 1 1 1
10	2 1 8 1 1 1 1
11	2 1 2 2 1 1 1 1
12	2 1 2 1 1 1 1
13	2 1 2 2 1 1 1 1
14	2 1 8 1 1 1 1
15	2 1 2 4 1 1 2 1
16	2 2 4 1 2 1 1
17	3 2 2 2 1 1 2 1
18	3 2 1 2 4 1 1
19	5 1 3 2 1
20	8 2 1 2 1
21	11 8 1
22	8 2 3 1 1 2
23	5 1 3 1
24	6 1
25	2 3 2
26	1 1 6
27	1 1 1
28	1 1 1
29	1 1 1
30	1 1 1

Row clues (left to right)

Row	Clues
1	17
2	20
3	5 6
4	3 3 3 4
5	2 2 2 4
6	2 2 2 2 2 3
7	2 1 3 3 1 3
8	1 1 1 3
9	1 2 5 2 2
10	1 5 5 1
11	2 3 3 3
12	17 2
13	1 12 1
14	1 1
15	1 1
16	2 2
17	1 2
18	6 8
19	2 12 1 7
20	2 2 1 1
21	3 3 1 7
22	1 3 3 5
23	1 9 1 4
24	1 4 1
25	1 2 1
26	2 3 1
27	3 3 1
28	12 6
29	7 4
30	20

B46 우주까지 볼 수 있어요

난이도 ★★☆☆☆ (2.5)

30×30

Column	Clues
1	7 1
2	9 1
3	3 3 1
4	2 3 1
5	2 4 1
6	2 6 1
7	11 1 2
8	11 5
9	11 3 2
10	8 1 3 3
11	1 3 2 2 3 3
12	1 2 5 4
13	2 1 3 3 1
14	1 3 2 2 2
15	1 19
16	1 6 2
17	1 19
18	2 3 2 2 2
19	1 2 3 3 2
20	2 1 5 5
21	1 1 2 3 3
22	2 2 3 3
23	3 1 1 3 2
24	2 2 2 2 5
25	8 3 5
26	12 2 2
27	2 2 4 2
28	2 1 3 2
29	3 4 2
30	3 2

Row	Clues
1	6
2	9 2
3	2 7 4
4	3 4 3 1 3
5	2 5 3 6
6	2 6 3 3 2
7	2 6 3 3 1
8	2 6 8
9	10 3
10	9 2
11	10 2 2
12	9 6
13	9 7
14	5 5 2
15	3
16	11
17	11
18	2 1 1 2
19	1 1 1 1
20	2 2 2 2
21	1 3 3 1
22	2 1 1 1 1 2
23	1 2 1 1 2 1
24	2 1 1 1 1 2
25	1 2 1 1 2 1
26	9 5 5 8
27	1 2 2 6 7
28	1 1 1 1 1 2
29	4 3 5
30	3 3 4

B47 배에 아기 주머니가 있어요

난이도 ★★☆☆☆

30×30

열	힌트
1	3 3 13 2
2	4 4 3 2
3	4 5 4 3
4	6 4 4
5	7 8
6	5 2 1 3
7	4 1 1 2
8	1 2 2
9	4 2 3 3 2
10	6 4 5 1
11	3 8 2 1
12	4 3 1
13	6 6 3 1
14	4 1 1 4 3 1
15	1 2 6 1
16	4 2 2 1 6 1
17	1 4 4 1 5
18	1 4 3 1 2 3
19	2 5 4 2 3
20	1 1 2 5 2
21	2 1 1 3 2
22	2 2 1 3 2
23	1 2 2 4 2 2
24	2 1 6 2 2
25	3 1 1 8 2
26	4 1 2 1 2 5 2
27	8 4 4 2
28	5 3 11 6
29	4 4 15
30	15

행	힌트
1	2 2 2 2 4 3
2	3 3 2 2 1 3 4
3	3 3 2 3 1 2 5
4	6 6 2 8
5	4 4 1 5
6	2 2 10 1
7	9 5 3
8	6 2 3 2
9	3 2 2 2
10	1 1 1
11	2 2 4
12	1 4 4
13	2 4 2 2
14	1 3 4
15	1 2 1 1
16	1 2 3 1 3
17	1 2 3 3 3 3
18	1 1 1 1 3 2 2 3
19	1 1 1 1 2 2 3 3
20	1 1 1 2 1 3 3
21	1 2 1 2 1 1 1 3 3
22	1 1 2 3 3 3 2
23	1 2 2 3 2 1 2 2
24	1 2 2 4 2 3 2
25	1 1 8 9
26	1 9 9
27	2 6 4
28	4 4 3
29	9 14
30	30

B48 이곳을 향해 온 힘을 다해 달려요

난이도 ★★☆☆☆

30×30

열	힌트
1	3 3 1 1 4
2	2 2 3 1 1 4
3	1 1 3 1 1 4
4	2 2 3 1 1 4
5	2 2 3 1 1 2
6	1 2 3 1 1 3 1
7	3 5 1 2 4
8	2 4 1 1 5
9	2 3 2 1 10
10	2 2 2 1 1 1 3 4
11	2 3 2 1 4 2
12	8 3 5 4
13	5 2 1 9 1
14	4 2 2 1 7 4
15	4 5 1 5 4
16	5 3 1 2 5 4
17	4 2 1 1 1 4 4
18	5 1 1 1 6 4
19	6 3 2 6 4
20	6 3 1 7 4
21	8 1 7 1 3
22	2 3 7 1 3
23	4 2 1 7 1 3
24	1 2 2 1 1 3 1 3
25	2 5 2 1 1 2 3
26	4 2 3 1 1 1 1 3
27	2 2 3 1 2 3 1 3
28	2 2 3 1 1 6 3
29	1 2 3 1 1 7 2
30	5 3 1 1 5 2

행	힌트
1	8 3
2	3 10 3 1
3	2 4 10 2 1
4	1 1 1 12 1 1
5	2 2 4 1 4 2 2
6	3 2 1 1 1 3 3 2
7	2 2 1 1 1 3 2
8	2 3 2 4 2
9	2 3 2 3 4
10	2 2 8 2
11	10 2 1 6
12	9 4 7
13	11 8
14	2 2
15	9 1 1 6
16	8 7
17	7 4 4
18	8 7
19	13
20	14
21	16 3
22	2 18
23	1 4 7 4
24	1 2 6 3
25	1 1 1 6
26	4 2 5 3
27	4 5 1 7 2
28	4 5 1 15
29	5 6 17
30	6 4 18

B49 삐약삐약

난이도 ★★☆☆☆ (2.5/5)

30×30

Column clues (columns 1–30, top to bottom)

Col	Clues
1	2 7 2
2	2 6 2 3
3	10 5 2
4	10 5 4
5	7 2 5 4
6	8 1 4 6
7	7 2 4 6
8	7 4 6
9	8 4 6 6
10	3 2 9 9
11	2 2 2 4 6
12	2 2 2 2 5
13	2 1 2 3 3
14	4 1 2 4 2
15	2 3 1 4 2 2 2
16	2 4 1 2 2 2 1
17	3 1 1 2 1 1
18	2 2 1 2 2 1
19	6 2 1 2 1
20	2 1 1 2 1
21	1 2 2 1
22	2 2 1 1
23	1 5 3 2
24	1 2 4 2 1
25	1 2 1 2
26	1 1 3 2
27	2 3 3 7 2
28	17 3
29	2 3 4 3
30	2 1 6

Row clues (rows 1–30, left to right)

Row	Clues
1	3
2	6
3	10 6 6
4	9 10 4
5	9 1 4 3
6	11 2 1 2 1
7	8 1 1 1 2 3
8	9 2 1 5
9	6 1 2 3
10	4 2 3 1
11	4 1 6 2
12	1 3 4 2 1 2
13	1 2 2 5 2 2
14	2 2 2 2 1
15	2 2 3 2 1
16	3 2 4 4 3
17	11 6 4
18	12 5
19	12 2 8
20	7 6 4 3 1
21	1 1 4 1 1 1
22	2 2 2 1 2
23	1 3 1
24	1 1 2 2
25	6 1 1
26	9 2
27	10 2
28	11 2
29	12 3
30	18

B50 큰 차를 자유자재로 운전해요

난이도 ★★☆☆☆ (2.5)

30×30

Column clues (left to right, top to bottom):

Col	Clue
1	5
2	7 1
3	2 4 2
4	2 6
5	4 6
6	1 3 5
7	1 4 5
8	1 1 8
9	1 7
10	1 3 2
11	5 5
12	8 1 2
13	7 1 1 5
14	1 2 5 1 2
15	2 1 5 2 4
16	11 1 8 3
17	1 2 2 1 9 5
18	1 4 1 2 1 1 4 3
19	1 1 2 1 1 1 1 3 3
20	1 4 1 3 2 1
21	1 4 2 2 1 1 2 3
22	1 2 1 1 1 2 4
23	1 4 1 2 2 5
24	1 5 4 2 2 3
25	1 3 2 1 2 2
26	1 7 1 3 1
27	1 5 3
28	2 2 1 13
29	3 2 1
30	19

Row clues (top to bottom):

Row	Clue
1	6
2	2 3
3	1 4 2
4	1 1 2 2
5	9 1
6	13 1
7	1 6
8	3 8
9	2 1 1 2
10	3 2 1 2
11	2 1 1 1 4
12	1 1 3 2 2
13	2 1 2 1
14	2 7 1
15	3 1 1 2 1
16	6 3 2 2 1
17	4 2 2 1 1
18	1 4 1 2 1
19	5 1 4 2 1 1
20	4 4 4 2 3
21	8 1 4 2 1 1
22	2 3 1 6 1 1 1
23	2 6 6 1 1 1
24	3 10 2 1 1
25	5 3 1 2 1 1
26	8 1 1 1 2 1 1
27	7 1 1 1 1 3 1 1
28	8 1 10 1 1
29	17 5 1 1
30	7 9 5 1 1

B51 항상 자리를 비워 놔야 해요

난이도 ★★☆☆☆

30×30

Column clues (left to right, top to bottom)

Column	Clues
1	10 8
2	16 6
3	5 5 5
4	3 3 3 4
5	3 1 2 3 3
6	3 1 4 3 3
7	2 6 2 2
8	3 7 2
9	2 6 4
10	2 5 1 2
11	1 3 2 1 2
12	2 8 7 2
13	2 3 1 2 3 2 2 2
14	2 3 1 1 1 3 1 3 1
15	2 4 4 3 1 1 1
16	2 4 1 3 1 4 1 1
17	2 4 1 1 1 3 1 2 1
18	2 5 5 1 2 2 1
19	2 7 9 1 1 1
20	2 5 8 2 1 1
21	2 12 2 2 1 1
22	2 12 1 3 2
23	2 7 4 2 2 2
24	2 4 5 1 1 2
25	2 4 2 1 2 1
26	3 3 1
27	4 2 2 2
28	6 3 1
29	15 2
30	10 2

Row clues (top to bottom)

Row	Clues
1	10
2	16
3	5 4
4	4 8 3
5	3 11 2
6	3 13 3
7	3 2 10 2
8	2 2 7 3
9	2 2 2 1 4 2
10	3 1 1 4 2
11	2 1 1 1 4 3
12	2 2 2 6 2
13	2 2 3 10 1 2
14	2 1 5 1 8 2
15	2 1 6 11 2
16	2 7 2 8 2
17	2 6 1 2 2 2
18	2 4 2 3 2 2
19	3 2 1 1 3 3 2
20	2 2 2 1 2 2
21	2 2 1 1 2 3 2
22	3 1 5 2 3
23	1 3 1 3 2 2
24	1 3 1 1 8
25	2 3 1 5 3
26	3 2 3 3
27	4 10 2
28	6 1 3 1
29	13 3
30	25

B52 코 밑에 무언가 흘러요

난이도 ★★☆☆☆

30×30

Column clues (left to right, top to bottom):

Column	Clues
1	5 1
2	2 3 2
3	1 4 2 3 2 2
4	10 1 2 1 3
5	11 1 1 3
6	15 3 4
7	16 2 4
8	13 6
9	8 1 2
10	6 1
11	6 1 1
12	5 2 4 1
13	3 2 1 2 2 1
14	6 1 1 3 1
15	4 1 1 1 3 2 2
16	5 2 2 2 3 1
17	1 3 1 4 7 1
18	5 7 1
19	4 1 3 1
20	4 9 1
21	3 1 4 9 3
22	3 2 2 5 3 3
23	3 1 1 3 4
24	5 1 2 1 6
25	8 3 4 3
26	1 11 3 3
27	8 5 2
28	1 2 2
29	1
30	1

Row clues (top to bottom):

Row	Clues
1	14
2	11 8
3	21
4	9 7 3
5	12 3 4
6	8 3 5
7	7 3
8	7 5 6
9	6 2 2 2 4
10	6 3
11	5 4 3 2
12	6 2 2 2 4
13	7 1 1 1 2
14	2 4 1 2 1 3 2
15	1 2 2 6 4 2
16	1 1 2 4 2 1
17	1 1 1 1 1
18	2 1 2 3 1
19	1 2 5 1
20	2 2 2 1
21	4 2 2 1
22	1 7 2
23	1 8 1
24	1 8 1
25	2 2 2
26	2 2 1
27	3 3 2
28	5 3 6
29	8 14
30	9 10

B53 설화 속 국가를 수호하는 신이에요

난이도 ★★☆☆☆

30×30

										2																			
								3		1		1	1	1	1	1		2		3									
					1	1	1	2	5	1	3	1	3	3	3	1	3	3	5	2	2	1							
					1	2	2	1	1	3	3	2	2	1	2	2	3	3	1	1	2	2	1						
	6	6		5	2	1	1	3	3	3	3	6	1	1	1	6	3	3	3	3	1	1	2	1	5		6	6	
	2	1		4	2	2	1	1	1	2	1	3	1	1	1	3	1	2	1	1	1	2	1	2	3		1	2	
4	2	1	6	2	1	1	2	1	3	1	3	1	2	3	2	1	3	1	3	1	2	1	2	3	2	6	1	2	4
4	2	1	1	2	4	3	2	3	4	1	1	1	4	1	4	1	1	1	4	3	2	2	1	2	3	1	1	2	4
3	1	1	10	2	1	3	2	2	2	3	1	2	1	1	1	2	1	3	1	1	3	2	5	2	3	10	1	1	3
2	4	5	3	2	2	3	2	2	1	1	1	1	1	1	1	1	1	1	1	2	1	2	4	5	2	3	5	4	2

					2	3	3	4	2
		3	1	1	2	2	2	1	3
		3	1	2	1	1	2	1	3
					5	5	1	5	6
					7	2	3	2	7
					4	4	3	5	4
				1	4	2	2	5	1
						1	2	3	3
				5	4	3	5	2	2
				2	4	3	3	4	1
		1	1	3	1	1	3	3	1
			1	3	3	5	3	2	2
		2	2	3	1	1	3	2	4
					4	2	7	2	2
						2	5	5	1
						1	2	2	3
						7	2	2	8
		1	2	3	2	2	3	2	1
1	1	1	2	2	2	2	2	1	1
	1	1	3	3	1	3	4	1	1
		2	1	5	3	3	2	1	2
					2	1	13	1	2
1	2	2	1	1	1	1	2	1	1
			2	1	1	11	1	1	2
				3	1	2	2	2	3
		4	1	2	2	2	1	2	4
		4	1	3	1	1	1	2	6
							6	11	6
								4	5
									13

B54 만화 캐릭터처럼 귀여워질 수 있어요

난이도 ★★☆☆☆

30×30

Column clues (top to bottom):

Column	Clues
1	2
2	2 3
3	3 2 2
4	5 2 2 1
5	6 2 2 4
6	6 2 2 2 2
7	7 7 2 3 2
8	18 1 2 2
9	5 3 3 2 2 1
10	4 3 6 2 1 4 1
11	1 4 8 6 2 1
12	2 3 4 2 3
13	4 1 4 2 2 2
14	3 4 2 1 1
15	1 1 2 6 2 2
16	1 8 3 2 1 2
17	2 5 2 3 1 3
18	6 4 3 1 4
19	5 2 2 3 4 2
20	2 4 4 2 2 2 2
21	2 6 2 2 2
22	1 9 3 2 2
23	5 3 3 1 4 5
24	4 5 8 7
25	6 6 2 4
26	5 2 3 2 3
27	8 2 2
28	3 2 2 1
29	2 2
30	2 5

Row clues (left to right):

Row	Clues
1	3 5
2	8 2 5
3	7 2 2 6
4	7 7 6
5	7 2 4 2 4
6	5 6 5 4
7	6 3 9 2
8	1 11 5 2
9	2 4 6 4 2
10	2 3 3 2 4 3
11	4 5 3 4 1
12	8 2 1 1 2 2
13	7 2 3 5
14	5 1 3 3
15	2 2 4 5
16	2 2 4 3 1
17	1 1 1 2 1 1 1
18	2 1 1
19	7 2 1 7
20	8 2 2 8
21	1 4 1
22	4 4 2
23	2 3 2 4
24	2 2 3 3 4
25	1 2 6 6
26	3 1 1 4 2
27	4 2 2 3 1
28	2 1 2 2 2 1
29	1 4 2 10 1
30	1 18 1

B55 상상도 못한 정체예요

난이도 ★★★☆☆

30×30

Column clues (left to right, top to bottom)

Column	Clues
1	10 5
2	8 7
3	10 8
4	7 3 9
5	7 11
6	6 9
7	5 8
8	5 10
9	8 5
10	4 2 3
11	5 2 3 2
12	3 1 1 2 1 5
13	3 1 3 2 1
14	3 3 2 5 2
15	4 1 2 2 1 1 3
16	6 2 2 2
17	8 3 2
18	8 6
19	14 2
20	13
21	11
22	3 8
23	3 7
24	4 3 3 3
25	4 2
26	2 2
27	2 2 9
28	3 2 11
29	3 18
30	24

Row clues (top to bottom)

Row	Clues
1	1 1
2	1 2
3	2 2
4	7 1 1
5	11 2 2
6	13 1 1
7	3 8 1 2
8	3 7 2 1
9	12 9 1 1
10	9 9 1
11	12 11 1
12	11 2 6 1
13	9 1 5 2
14	6 1 2 3 1 2
15	5 2 3 2 2
16	3 1 3 2 1 3
17	1 1 2 3 3 2 3
18	1 2 1 3 2 3 2
19	1 2 3 2 2
20	2 7 3
21	1 1 3 2 3
22	3 1 2 3 4
23	6 4 2 4
24	7 3 4
25	7 1 4
26	9 1 4
27	9 2 4
28	9 1 4
29	9 2 4
30	9 1 4

B56 사람들을 즐겁게 해 줘요

난이도 ★★★☆☆

30×30

				2						2						3	2	1	2		1		2		5	1	5		
			1	2	5	5	6	2		7			6		2	2	2	1	2		5	1	2	3	2	2	4		
	2	4	1	5	1	4	3	9	1	1	10	8	1	6	1	2	4	3	3	4	2	6	4	4	5	4	1	3	
	4	4	4	1	2	1	2	6	10	2	3	5	1	1	1	1	3	3	1	5	3	6	2	2	3	5	3	4	4
4	2	4	5	3	6	1	2	2	2	2	1	2	2	4	4	4	1	2	1	2	3	2	1	6	2	1	1	5	3
4	2	4	4	4	5	5	10	5	3	3	8	7	4	7	10	7	4	7	8	6	3	3	2	1	1	2	3	4	2

					3	4
			4	3	3	5
			4	6	1	5
	7	5	2	2	2	2
		2	10	3	3	2
			2	11	2	4
			3	8	2	3
					12	2
					7	8
					7	9
			4	2	2	6
		2	2	5	1	2
	2	1	2	2	2	6
		5	6	4	2	5
	5	2	2	2	1	5
		5	2	3	1	5
6	1	2	3	2	2	2
			5	7	4	3
	4	4	4	4	2	2
		3	1	3	3	5
				8	9	6
	1	4	1	13	1	3
		1	2	16	1	1
			2	3	15	2
	2	3	3	3	3	5
	7	3	3	3	1	1
	7	2	3	2	1	2
			7	1	2	1
			6	1	3	2
			2	1	1	4

B57 어느 쪽이 꽃일까요?

난이도 ★★★☆☆

30×30

Column clues (top to bottom, columns left to right)

Column	Clue
1	6
2	11
3	7 1 5
4	9 1 3 3 1
5	8 1 2 2
6	9 5 2 1
7	7 1 2 2
8	5 2 1 1
9	8 1 1 2 1 1
10	9 1 3 2 1 3
11	10 1 3 1 1 3
12	11 1 4 2
13	11 2 2 2
14	8 3 1 2 2
15	3 4 2 2 1
16	3 7 2 1
17	5 2 6 1
18	6 7 2
19	1 4 5 2
20	2 3 1 5 2
21	3 2 1 2 6 2
22	2 4 2 9 2
23	2 1 5 6 4
24	2 4 3 1 3 4
25	4 1 8 3
26	4 2 2 5 1
27	3 1 3 2 3 2
28	3 2 12 1
29	2 3 2 5 2
30	2 1 2

Row clues (left to right, rows top to bottom)

Row	Clue
1	9
2	15 1 3
3	15 5 4
4	11 3 2 1 3
5	12 5 2
6	15 3 4
7	6 13 1 3
8	7 9 2 2 2
9	6 4 2 3 2
10	6 4 2 1 5
11	4 7 4 5
12	2 3 7 1 3
13	4 3 1 1
14	1 4 3 2 1
15	4 3 2 3 5 2
16	3 1 2 5 6
17	2 1 1 2 1 1 3
18	1 1 1 5 2
19	2 1 4 5
20	1 2 9
21	2 4 1 7
22	2 3 2 6
23	2 2 2
24	2 3 2
25	5 1
26	1 4
27	3 5
28	5 4 3
29	3 5 7 2
30	2 10 1

B58 + B59 오늘날 택시랑 비슷해요

30×30

Column	Clues
1	3 6
2	4 9
3	3 1 2 3 1 3
4	7 6 1 3
5	7 3 2 1 4
6	3 9 3 4 2
7	9 1 7 2 2
8	5 3 1 3 2 5
9	4 1 3 1 2 5 2
10	3 1 1 1 2 2 2 1 2 2
11	3 1 1 4 1 4
12	3 1 2 4 3 1 3
13	6 1 1 2 9
14	3 1 4 2 7
15	1 1 6 1
16	1 1 1 3 1
17	5 1 1 4 1
18	1 1 1 2 3 1
19	5 1 2 2 2 1 1
20	7 2 3 1 1
21	4 1 1 1
22	4 5
23	9
24	8
25	2 2
26	2 2
27	3 3
28	2 2
29	2 2
30	2 2

Row	Clues
1	5 1
2	7 1
3	9 1
4	4 2 1
5	3 1 3 3
6	1 1 1 1
7	3 1 1 1
8	10 4
9	6 6 1
10	5 1 1
11	3 1 1 2
12	3 1 6
13	3 4 1
14	6 4
15	2 5 1 4
16	3 4 1 2
17	7 3 4
18	8 2 5
19	10 2 4 4
20	3 1 3 1 11
21	4 1 5 2 2 5
22	2 2 1 2 2 8
23	2 1 3 2 2 3 4
24	2 1 7 14
25	7 1 2 6
26	2 5 11
27	2 2 1 5
28	4 1 3
29	10
30	8

+

난이도 ★★★☆☆

30×30

																				1									
													1	2	2		1	1	2	1									
											2		2	3	5	2	2	2	1	2	2	1							
								2	2	1	5	3	7	3	1	5	2	4	1	1	5	3							
2	2	2	2	2	2	3	2	2	2	6	3	3	2	4	2	5	3	1	1	2	3	2	5						
2	2	2	2	2	3	2	2	1	3	5	4	8	5	4	3	3	1	2	11	2	2	3	2	3	3	1			
1	1	1	1	1	1	1	7	2	3	1	1	1	1	1	1	5	2	2	3	8	3	2	2	4	4	3	0	0	0

4				
2	3			
2	3			
2	3			
1	9			
8	5			
8	1	3		
3	1			
2	2			
7				
2	2			
4	1			
2	1	2		
3	1	1		
1	1	1	3	
1	1	1	1	3
6	1	2	7	
12	1	1	2	3
7	1	1	4	5
7	8			
12	5			
13	3			
6	2	2		
9	1			
1	8	1		
1	8	1		
1	5	1	1	
1	2	1	3	
3	7			
16	6			

B60 맛있는 음식을 위해 노력해요

난이도 ★★★☆☆

30×30

열	힌트
1	8 1 7
2	8 2 8
3	8 10
4	8 1 1 1
5	8 3 5
6	3 2 1 3
7	2 2 2 3
8	1 5 2 3
9	2 1 2 2 1 5
10	1 2 1 5 3
11	1 3 4 3
12	2 3 8 3
13	1 7 1 5
14	4 1 4 1 3
15	2 7 3 1 3
16	2 5 1 3 1 1 3
17	1 2 1 3 1 1 2 4
18	1 2 1 1 1 1 5
19	1 3 2 1 1 2 1
20	1 2 1 1 1 1 3 1
21	2 2 1 1 1 5 1
22	1 2 8 1 2 2 1
23	1 6 4 2 2 1 1
24	2 2 3 2 3 1 1
25	1 1 2 7 2 5
26	2 2 1 2 4 1
27	4 2 1 1 1
28	3 1 2 1
29	6 2 1
30	12 1

행	힌트
1	6
2	2 4
3	2 1 3
4	1 1 2 1 2
5	1 2 1 1 1 1
6	8 2 1
7	2 4 2
8	5 5
9	4 6
10	4 3 4
11	9 2 1 1 2 6
12	7 2 1 1 1 4
13	6 2 2 1 2 2 3
14	5 2 2 5 2 1 2
15	5 3 2 1 1 2
16	5 5 1 1 1 2
17	6 2 2 9 1 1
18	8 1 4 1
19	2 3 3 1
20	2 1 2 2 1
21	4 2 2 4 1
22	1 1 4 2 2 2
23	4 1 1 1 1 1 2
24	3 4 6 4 3
25	3 4 1 1 6 2
26	3 1 2 2 4 3
27	3 1 1 1 2 1
28	3 14 1
29	30
30	3 12

B61 몸이 불편한 사람을 위한 의자예요

난이도 ★★☆☆☆ (2.5/5)

35×35

Column clues (left to right, top to bottom)

Column	Clue
1	1 1
2	1 3
3	1 7
4	6 4
5	2 1 8
6	8 2 1 3
7	2 6 1 2
8	10 1 2
9	3 1 4 1 1
10	2 3 5 2 3
11	3 3 1 2 3 3
12	3 3 1 1 3 3
13	3 3 1 2 2 3
14	3 3 2 1 6
15	3 3 1 1 1 2
16	13 1 1 5
17	4 2 1 4
18	2 1 1 1 4 3
19	5 19
20	3 1 2 3 2
21	2 1 2 13 1
22	2 1 5 1 3 2 2
23	2 1 3 1 13
24	2 1 3 14
25	1 3 5 2 4
26	1 3 4 1 4
27	1 2 3 2 1 2 3
28	5 3 3 2 1 2 3
29	2 1 7 5 2
30	24 8
31	3 3 4 2
32	2 3 2 2 3
33	2 6 5
34	2 13
35	2 8

Row clues (top to bottom, left to right)

Row	Clue
1	7
2	8 7
3	1 2 8
4	1 1 1 2
5	4 1 1
6	1 6 1 1
7	1 5
8	1 1
9	1 1
10	1 1
11	4 1
12	6 1
13	9 3
14	7 1 6
15	4 1 9
16	1 1 4 7 2
17	1 1 7 6 2
18	1 1 6 3 1 5
19	1 1 3 1 13
20	5 1 1 5 5
21	4 1 1 3 1 3
22	2 4 1 1 5 1 3
23	4 2 6 1 1 3 2 1 3
24	4 2 6 4 3 4
25	1 5 1 1 3 4 2
26	1 4 2 9 1 2
27	3 7 4 3 2
28	1 4 3 4 5 2
29	1 1 5 3 1 2 2 1 4
30	1 1 5 2 3 5 1 2
31	4 6 8 1 2
32	7 1 1 3 7 1 3
33	6 5 1 2 1 9
34	3 8 3 2 6
35	6 4

B62 마음이 아파요

난이도 ★★☆☆☆ (2.5 / 5)

35×35

Column	Clues
1	4 9
2	5 10
3	6 11
4	4 20
5	4 2 22
6	6 6 2 5
7	7 4 2 2
8	4 4 2 1
9	3 2 1
10	6 8 2
11	12 2 2
12	6 1 3 2
13	7 4 2 4
14	7 5 8 2
15	7 1 15 3
16	6 3 2 2 5 4
17	6 1 2 2 2 4 4
18	6 2 2 1 2 5
19	6 2 2 2 2
20	7 2 3 1 2
21	8 2 2 2 2
22	7 3 2 2 1 1
23	4 2 4 2 1
24	1 4 6 3
25	2 1 2 2
26	4 1 7 2
27	4 2 2 3 2
28	4 1 2 2 1 2
29	5 4 2 1 2
30	5 2 3 2 3
31	6 3 1 1 4
32	7 7 3 4
33	8 2 9 5
34	8 4 1 7
35	8 23

Row	Clues
1	9 12
2	3 12 11
3	4 13 10
4	2 4 14 10
5	3 4 14 7
6	4 3 18 5
7	4 2 6 3 1 3 4
8	5 1 2 3 2 1 2 3
9	3 3 3 2 2 4
10	1 2 1 2 2 2 3 1
11	4 3 2 3 1 2 2
12	1 2 4 1 2 1 1 1
13	3 2 5 1 1 4
14	4 1 1 1 1 1 1 4
15	3 1 1 2 1 1 2
16	4 2 2 5 1 2
17	3 3 3 1 3 2 1
18	3 2 1 1 3 3 2 1 1
19	2 2 4 4 2 1 1
20	2 2 3 1 2 1 1
21	4 3 2 2 1 1
22	3 4 2 1 1 1
23	2 6 2 1 1
24	2 7 2 4
25	3 6 3 2 2 1
26	4 4 7 3 1
27	6 2 5 1
28	10 1
29	7 2 2
30	6 2 2
31	6 3 3
32	5 4 5
33	5 4 6
34	5 5 8
35	5 5 8

B63 도성과 궁궐을 지켜 줘요

난이도 ★★☆☆☆

35×35

Column clues (top to bottom, columns 1–35)

Column	Clues
1	2 1 2 6
2	10 4 3 5
3	11 1 1 2 2
4	4 1 1 4 1 1 2
5	4 6 3 3 4 1
6	4 5 2 8 2 1
7	4 9 2 6 1
8	4 6 3 1 2 2
9	4 4 2 1 1 4 2
10	5 3 2 1 4 2 5
11	3 1 6 3 2 1 3 3
12	2 1 5 2 6 5 2
13	2 1 6 1 1 2 2 6
14	2 1 6 2 1 4 1
15	2 1 6 3 4 1
16	2 1 1 4 2 5 2
17	2 1 2 1 2 7
18	2 1 5 2 2 2 2
19	2 2 1 2 11
20	4 1 2 6 3
21	4 12 2
22	4 4 3 2 2 2
23	4 12 4
24	15 2 2 9
25	3 1 3 2 4 6
26	2 4 4 1 3 2 5
27	1 4 3 2 4 2
28	1 8 3 5
29	1 2 3 1
30	21 1 6
31	20 1 7
32	3 2 4 2
33	4 5 6
34	4 4
35	15

Row clues (left to right, rows 1–35)

Row	Clues
1	20 3
2	23 3
3	11 9 4
4	10 8 2 1
5	2 10 1 2 1
6	2 1 1 2 2
7	2 2 1 5 1 2 1
8	2 2 2 4 2 1 1 1 2 1
9	2 2 2 5 1 1 1 2 2 2
10	2 12 1 3 2 2 1
11	2 1 2 6 1 7 2 1
12	5 2 11 2 5 1
13	1 2 1 1 2 1 3 1
14	8 8 4 1
15	13 14 1 1
16	2 3 14 1 1
17	2 8 2 1 1 1 1 2 1 1
18	7 5 1 1 1 2 3
19	3 1 2 1 1 3 2 2
20	1 1 1 1 4 1 3 2
21	3 4 6 2 1 2
22	3 4 2 2 1 1 1
23	8 2 2 1 1 8 1
24	2 2 1 7 2 2 1
25	1 3 4 2 4 1
26	2 1 4 5 2 3 1
27	1 3 3 6 2 1
28	1 2 1 4 1 1 2
29	1 2 2 1 1 3 2
30	1 3 1 1 3 2
31	2 2 1 1 13
32	1 1 1 1 10 2
33	2 5 2 2 3 1 2
34	3 9 2 3 1 2
35	1 5 2 1 1 3 1 2

B64 안녕은 영원한 헤어짐은 아니겠지요~

난이도 ★★☆☆☆ (2.5)

35×35

Column clues

Column	Clues
1	4
2	1 3 6
3	2 1 2 5
4	5 1 2
5	1 6 7
6	1 3 1 13
7	4 1 1 13
8	8 5 13
9	6 3 3 2 11
10	7 1 2 2 10
11	7 3 6 9
12	6 3 2 2 2 2 6
13	7 3 1 12
14	7 2 1 12
15	6 1 2 1 5 7
16	7 3 2 2 2 6
17	7 3 1 1 1 7
18	8 2 2 10
19	10 2 2 11
20	10 8 12
21	8 4 2 14
22	12 16
23	8 16
24	16
25	12 5
26	2 2 3
27	7 2 5 2
28	1 7 1
29	6 2 1 1
30	1 2 1 1
31	6 3 1 1
32	2 2 2 1
33	4 3 1 2
34	9 2 2
35	12

Row clues

Row	Clues
1	9
2	14
3	15
4	16
5	19
6	2 17
7	4 4 2 8
8	1 3 1 6
9	1 6 5
10	3 2 4 3 2 2
11	1 1 2 2 2 2 2 3
12	2 4 2 2 2 3 2
13	3 1 4 1 1 3
14	1 2 3 1 1 1 2
15	2 4 3 2 1 1 2
16	1 3 3 3 1 1 2
17	2 3 1 1 1
18	3 3 1 1 1 1
19	6 2 1 1
20	1 8 1
21	2 2 6 2
22	3 3 5 2 5
23	4 2 2 5 6 1
24	4 4 6 4 1
25	6 4 7 1 2
26	8 14 1 4
27	1 11 8 6 1
28	1 7 2 7 2 1
29	1 7 3 8 1 1
30	2 20 1 1
31	1 20 1 1
32	1 20 1
33	1 21 2
34	1 22 2
35	1 28

B65 머리와 몸을 보호해야 해요

난이도 ★★☆☆☆

35×35

Column clues (top to bottom)

Column	Clues
1	5 1
2	2 27
3	3 2 3 1
4	2 24
5	4 1 3 5 1
6	3 1 21
7	1 7 1 1 3
8	4 1 5 2 4 1 1
9	3 3 5 1 1 7 1
10	3 2 5 3 1 1
11	3 2 5 2 3 1 4
12	2 1 6 1 2 3 1
13	2 1 6 2 7 1
14	3 2 7 3 5 1 1
15	1 2 1 9 3
16	2 4 3 2 2
17	3 1 3 1 3
18	1 3 1 7
19	2 1 3 2 4 1 2
20	2 3 3 1 2 1
21	1 5 3 1 7
22	1 1 3 3 2 2 2
23	1 1 2 3 2 3 2
24	1 3 3 4 1
25	1 2 3 3 1
26	1 2 3 2 3 1
27	1 1 3 6 1
28	2 1 3 1 6
29	2 2 3 1 5
30	1 1 3 23
31	1 1 1 3 4
32	1 2 2 24
33	2 2 1 3 1
34	2 2 24
35	3 5 1

Row clues (left to right)

Row	Clues
1	3
2	1 8 4 4
3	2 4 1 2 2 2
4	1 2 3 2 1 1 5 3 2
5	1 1 1 3 2 3 2 1
6	2 1 2 1 2 2 1 1
7	1 2 7 2
8	8 3 4 3
9	3 4 5 2 3
10	3 6 2
11	2 1
12	35
13	35
14	35
15	1 1 10 1 1 1
16	1 13 1 1 1
17	1 4 8 1 1 1
18	1 4 1 2 4 1 1 1
19	1 3 1 1 1 2 1 1 1
20	1 3 2 2 2 1 1 1
21	1 1 1 2 1 2 1 1 1
22	1 1 2 2 2 1 2 1 1 1
23	1 1 1 6 1 4 1 1 1
24	1 1 1 1 1 1 2 1 1 1
25	1 1 1 2 2 1 2 2 4 1 2
26	2 1 4 3 1 2 1 1 1 1
27	1 1 1 1 2 1 2 1 1 1 1
28	1 1 1 1 2 4 2 1 1 1
29	1 1 1 1 2 1 1 5 1 1
30	1 1 1 1 2 2 1 1 3 1 1
31	1 1 8 3 1 5 1
32	1 4 7 4 5 1
33	1 1 5 2 2 5 1
34	1 1 5 6 3 1
35	3 3

B66 기름 없이 튀길 수 있어요

난이도 ★★⯪☆☆

35×35

Column clues (top to bottom):

Column	Clue
1	6 4 1
2	3 4 1
3	3 4 1
4	6 4 1
5	10 1
6	4 10
7	11 3 2
8	3 1 4 4 2
9	3 7 5 9
10	3 3 3 12
11	10 3 11
12	2 4 11
13	3 2 5 1
14	11 7 1
15	5 2 2 2 1
16	4 2 3 2 1
17	1 3 6 2 1
18	1 12 1 4 1
19	2 2 3 2 2
20	1 3 3 2 2 1
21	1 2 2 2 2 3 2 2 1
22	1 1 1 1 1 6 10
23	1 2 2 2 2 3 2 2 1
24	1 5 5 2 4 2
25	1 3 3 2 11
26	1 3 3 3 3
27	1 13 3 2 2
28	1 3 4 3 3 1
29	1 2 2 3 2 1 1
30	1 2 12 1 1 1
31	1 1 12 2 1 1
32	2 2 2 2 3 1
33	4 2 2 2 1 1
34	5 3 2 1 1 1
35	18 1 1 1

Row clues (left to right):

Row	Clue
1	15
2	4 4 3
3	4 2 2
4	4 2 4 3
5	1 1 3 2 3 3 1
6	1 1 5 1 1 1 2 2 2
7	1 2 5 2 2 2 3 2 1
8	1 5 1 1 4 1 1
9	1 1 1 1 1 2 1
10	1 3 1 1 1 4 1 1
11	1 1 1 1 1 1 2 3 1 1
12	1 1 1 1 1 1 1 2 1 2
13	12 1 1 2 3 1 2
14	12 1 1 4 1 3
15	11 1 1 1 2 1
16	9 20 1
17	20 1
18	3 2 3 3 2 1
19	3 2 1 2 2 1
20	4 2 2 2 2 1
21	4 15 2 1
22	4 2 2 4 2 1
23	4 1 2 2 2 2
24	1 3 2 1 5 2 2
25	6 15 1 5
26	1 11 1 1 5
27	1 6 1 1 5
28	1 5 1 4
29	1 4 1 3 3 3
30	1 4 1 2 2 3
31	2 4 1 2 2 1
32	6 3 10
33	5 4 1
34	11 2
35	4 9

B67 잽, 잽, 원 투!

난이도 ★★☆☆☆

35×35

		2	1	1												3	2	3	3							3	2				1	2		
	3	1	1	1	1	2		3	4						3	2	3	2	2							1	2	1	1	1	1	2		
	2	2	2	2	1	6		2	1						2	2	1	2	2							1	2	5	2	2	1	2	7	
	1	2	1	1	9	1	5	1	2					3	1	1	2	1	4	3	5		4		4	1	1	1	8	1	2	2	2	
15	2	1	1	1	1	1	2	1	1	1		7	5	4	4	7	3	7	2	4	2	6	1	3	1	1	1	1	1	2	1	1	2	15
1	1	1	1	1	1	1	1	1	1	3	1	11	2	3	2	2	1	1	2	8	6	11	6	1	4	1	1	1	1	2	1	1	1	1
1	1	1	1	1	1	1	1	1	2	1	9	2	10	4	3	1	3	3	1	3	4	2	1	10	1	2	1	1	1	1	1	1	1	1
2	2	2	2	2	2	2	10	2	2	6	2	3	7	8	2	1	1	1	1	2	8	3	2	2	6	2	2	2	2	10	2	2	2	2

						6	6
				2	3	2	2
				2	2	1	1
			2	4	7	3	3
		1	6	1	9	1	8
1	1	1	5	5	1	3	2
	1	1	2	2	2	4	2
2	4	2	2	2	2	3	3
	8	2	2	2	3	5	1
	1	4	1	1	3	1	1
	1	1	1	3	3	1	3
	3	1	2	3	1	2	6
		1	4	2	2	3	1
		1	1	4	7	5	1
1	2	2	1	2	3	2	1
		1	1	3	3	1	1
				1	2	2	1
				1	2	2	2
		4	1	3	3	1	4
				6	5	6	5
							16
					14	6	13
				1	6	7	1
			1	4	3	5	1
					1	14	1
					12	8	11
				1	1	1	1
			1	1	8	1	1
				1	7	7	1
				11	4	3	11
			11	2	4	1	10
			1	2	2	1	1
			1	3	2	2	2
						7	7
					1	13	1

B68 표정과 속마음이 달라요

난이도 ★★☆☆☆ (2.5/5)

35×35

Column clues (left to right, top to bottom)

Column	Clues
1	4 3 7
2	16 9
3	3 4 5 3 10
4	3 2 2 3 6 10
5	21 10
6	7 8 2 1 10
7	5 16 2 7
8	8 5 4 2 5
9	3 3 1 1 2 1 4
10	5 2 3 3 2 3
11	5 1 3 6 2
12	3 2 1 1 2 4 2 2
13	6 1 1 3 2 2 2
14	6 1 3 2 1 3
15	2 2 4 3 2 3 1
16	6 1 5 2 1 1 3
17	6 1 2 2 2 2
18	1 1 3 1 3 1 1 2
19	1 6 2 3 2 2 2
20	8 1 1 5 2 3
21	5 11 3 5 4
22	7 2 4 2 5
23	1 2 1 3 3 3 6
24	3 1 1 6 8
25	1 1 3 1 2 2 1 1 5
26	2 1 3 2 2 2 1 1 2 2
27	1 1 1 3 2 1 1 1 1
28	1 4 1 1 1 1
29	1 1 2 2 1
30	1 2 1 2 2
31	2 1 1 4 3 5
32	1 1 3 2 11
33	2 1 3 3 7
34	2 1 1 3 5
35	11 3

Row clues (top to bottom)

Row	Clues
1	7 5
2	12 3
3	19
4	6 2 2 2 6 6
5	20 3 3
6	2 5 13 2
7	1 3 2 3 2 2
8	1 5 4 1
9	2 1 1 1 5 5
10	9 3 1
11	8 4 4 1 4 3 1
12	3 4 3 3 1 4
13	2 8 7 2 1 2 1
14	8 3 4 1 1
15	6 2 2 2 1 1 1
16	3 3 2 1 3 1
17	7 2 1 2 1 2
18	5 1 4 2 6 1
19	1 2 2 1 4 2
20	7 3 3 4 1
21	7 5 6 2 2
22	3 3 5 2 2 4
23	3 2 2 4 2
24	3 5 6 2
25	10 3 1 1
26	6 5 9 1
27	6 3 1 1 1
28	5 2 2 6 2
29	7 2 2 1 3
30	7 2 3 2 2 3
31	8 5 5 4
32	9 1 5 4
33	10 3 6 4
34	14 11 4
35	28 3

B69 안녕히 계세요 여러분

난이도 ★★☆☆☆ (2.5)

35×35

Column clues (left to right, top to bottom)

Column	Clues
1	5 1 2 2
2	5 1 1 2 1
3	5 3 2 1
4	4 1 2 2 2
5	3 1 2 1 2 1 1
6	3 5 2 4 1
7	3 8 2 1 1
8	2 15 3
9	1 1 13 4 3
10	1 3 2 1 9 2 3 4
11	2 2 3 9 3 2
12	4 7 6 5 1
13	1 2 4 3 6 12
14	2 3 3 5 2 8
15	3 2 1 2 1 1 3 2
16	1 1 2 3 2 3 1 2
17	1 2 6 1 3 2 1
18	1 7 2 2 2 2
19	2 8 5 2 3
20	2 6 8 2 4 2
21	2 14 2 3 5
22	2 1 1 7 5 2 1
23	6 2 6 5 3
24	4 1 6 6 1 1
25	2 1 1 4 6 1 2
26	1 2 1 3 6 2 1
27	1 4 2 2 7 1
28	4 7 1 7 2
29	4 2 1 8 1
30	4 4 9 2
31	4 2 5 10 1
32	3 4 19 1
33	3 1 2 12 7
34	3 2 1 2 3 6 5
35	3 1 1 1 2 5 2

Row clues (top to bottom, left to right)

Row	Clues
1	10 3 20
2	8 2 2 7 8
3	7 4 4 2 8
4	4 3 2 1 3 4 5
5	3 4 1 4 1 1
6	3 10 1 2 2
7	16 3 3
8	10 7 1 1 2
9	6 2 7 3 1 2
10	6 2 4 2 2
11	4 2 2 1 8 3
12	5 3 4 3
13	3 3 6 6
14	4 3 8 6
15	5 1 8 4
16	6 2 7 4
17	9 4 2 5
18	7 2 1 1 4
19	9 1 2 2
20	5 2 2 3 3
21	7 2 3
22	3 1 1 2 1 6
23	2 8 2 9
24	4 2 3 15
25	2 1 2 11 2
26	1 1 2 12 1
27	1 2 3 13
28	4 1 2 15
29	4 2 2 2 11
30	2 1 2 1 6
31	2 2 2 4
32	1 2 6 3
33	11 5 3 1
34	4 4 4 4 3 3
35	1 3 5 2 2 3

B70 영어로는 MC라고 해요

난이도 ★★★☆☆

35×35

Column clues (left to right, top to bottom):

Col	Clue
1	16 15
2	14 3 9
3	10 1 5
4	7 3 2
5	4 1 1
6	1 1 1
7	2 3
8	6 1 4 2
9	10 7 4
10	13 8 2
11	8 11 1 1
12	9 5 3 5
13	11 2 7
14	8 2 5
15	6 1 1 4 1
16	4 1 1 2 2 4 2
17	5 3 2 3 5 1
18	5 3 1 1 4 2 2 2
19	4 1 2 4 5 5
20	6 2 2 5 5
21	6 1 3 1 5 5
22	4 3 1 2 1 1 2 2
23	4 3 3 1 2 2 1
24	13 2 5 5
25	4 4 2 2
26	2 13
27	3 3 2
28	6 1
29	8 1
30	2 1 3 1
31	4 4 2 2
32	6 2 2 4
33	8 2 3 6
34	11 1 4 8
35	13 20

Row clues (top to bottom):

Row	Clue
1	6 11 6
2	5 15 6
3	5 16 5
4	5 17 5
5	4 8 2 2 3 4
6	4 8 3 2 4
7	4 7 2 3
8	3 7 3 4 3
9	3 6 2 3 2
10	3 3 1 2 3 2
11	2 2 1 1 2
12	2 2 2 1 1
13	2 2 4 1 1
14	2 3 3 2
15	1 2 1 2
16	1 3 2 5 3
17	4 4 2 2 1
18	7 1 1 2 1
19	4 3 2 1 2 3 1
20	3 3 3 3 4 1 1 1
21	2 2 4 3 5 1 1 1 1
22	2 1 5 2 2 2 3 2
23	1 1 6 6 3 2 2
24	1 1 4 6 1 2 3
25	1 2 4 1 3 1 3 3
26	1 1 6 2 1 6 1
27	2 1 8 2 1 3 1
28	2 2 2 2 4 2
29	2 4 2 2 2 2
30	2 2 2 4 2 3
31	3 2 5 1 1 3
32	3 1 6 1 4
33	3 5 1 4
34	4 6 2 5
35	4 2 2 10

B71 부릉부릉~ 꽉 잡아요!

난이도 ★★★☆☆

35×35

Column clues (top to bottom):

Column	Clues
1	8
2	3 2 9
3	2 6 3 3 5
4	1 3 2 2 1 4 2
5	1 1 2 1 2 1 1 2 6
6	1 1 3 2 1 1 1 6
7	1 1 3 1 1 1 1 2 3
8	1 1 2 2 1 1 1 2 2 2
9	2 2 3 8 8 3
10	8 3 4 1 6
11	3 4 4 1 4
12	2 5 4 2 3
13	1 6 3 1 8 1
14	1 1 2 2 1 1 1 4
15	1 3 1 1 1 1 1 1
16	1 1 3 6 2 1 2
17	1 1 2 1 2 3 5 1
18	2 3 2 5 1 3 2
19	3 6 1 5 2 2 1
20	8 2 1 2 3 1 2 1
21	8 1 2 2 7 2 1
22	8 2 1 2 8 2 1
23	8 1 4 10 1
24	8 5 12 2
25	8 1 2 1 5 3
26	8 1 3 6 2
27	9 5 2 1 4
28	9 2 1 1 2 8
29	9 2 2 1 2 6
30	9 2 2 2 1 3
31	9 4 1 1 2
32	9 5 2 2
33	9 1 5
34	9 2 5
35	9 8

Row clues (left to right):

Row	Clues
1	35
2	3 4 18
3	2 2 17
4	1 7 16
5	1 1 2 6 16
6	1 3 1 1 2 1 18
7	1 1 1 1 1 2 1 18
8	3 2 5 1 17
9	3 4 3 2 1 9
10	12 1 2
11	2 2 7
12	1 1 2 3
13	1 2 1 1 1 3
14	2 4 1 1 4
15	2 1 2 4 1 3
16	3 2 5 5 3
17	1 8 4 5
18	1 4 1 5 4
19	16 8 2
20	1 2 4 1 1 2
21	2 2 2 4 1 1 1
22	5 1 5 2 3
23	2 2 4 6 5
24	2 1 1 2 5 1
25	1 1 1 1 6 1
26	1 1 6 6 5
27	1 5 1 8 2 2
28	3 2 2 3 3 4 1
29	7 1 1 2 1 1 1
30	3 6 7 1 5 1
31	2 3 3 5 1 3 4
32	3 4 3 6 3
33	7 13 3
34	5 9
35	7

B72 도심 속을 누비고 있어요

난이도 ★★★☆☆

35×35

Column clues (top to bottom)

Column	Clues
1	2 4 4 2 4 5 5
2	2 4 4 2 4 5 5
3	2 1 3 2
4	17 15
5	2 2 4 4 2 3 2
6	2 4 6 2 3 2
7	2 2 1 4
8	17 11
9	2 3 2 2 2 5
10	2 2 5 1
11	2 3 2 1
12	2 1 1
13	1 1 2 1 1
14	1 2 3 1 1
15	2 5 3 1
16	1 4 2 3 1
17	7 2 3 2 2 2 1
18	2 5 3 5 1
19	4 2 1 9 1
20	1 2 2 1 3 9 1
21	1 4 1 2 5 6
22	2 3 1 2 2 3 6
23	1 1 4 1 4 3 2 1
24	1 8 1 5 3 2 1
25	1 2 4 1 4 3 3 1
26	2 9 1 4 2 4 1
27	1 5 2 1 6 4 1
28	1 4 3 6 2 4
29	3 4 2 3
30	3 3 2 2
31	24 2
32	28 2
33	1 2 2
34	1 4 5 4 4 7
35	1 4 5 4 4 6

Row clues (left to right)

Row	Clues
1	5 5
2	5 3 1 1
3	1 4 3 4
4	2 1 2 4 1
5	2 6 4 5 1 2
6	2 6 1 2 1 3 1 2
7	2 1 1 1 6 2 2
8	1 1 1 2 3 2 2
9	2 3 2 1 6 3
10	2 3 2 2 2 4 3
11	2 3 2 2 5 2 3 2
12	2 3 1 2 6 2 2
13	1 1 5 1 2 2
14	1 1 2 7 2 2
15	2 3 2 3 1 3 2
16	6 2 4 1 3
17	3 1 2 2 3
18	2 2 1 2 1 1 2 2
19	3 1 3 1 3 2 2
20	3 4 2 1 6 2 2
21	4 2 1 11 2 2
22	1 1 4 4 2
23	2 2 2 2 3 2
24	2 3 2 5 1 4 2 2
25	2 1 5 1 4 2 3 2 2
26	2 1 4 1 7 2 2
27	2 3 1 1 3 5 2 2
28	2 3 1 2 3 5 2
29	3 1 1 2 3 9
30	1 1 1 4 5 11
31	2 1 4 13 2
32	2 1 22 2
33	2 1 3 2 2 2
34	9 2 8
35	35

B73 동물 중에 목이 제일 길어요

난이도 ★★★☆☆

35×35

Column clues (top to bottom):

Column	Clues
1	5 5 11
2	6 1 2 1 10
3	6 1 2 2 13
4	1 5 1 3 2 1 1 7 4
5	2 1 4 1 8 3
6	4 1 4 9 5
7	5 1 4 8 6
8	5 2 2 7 3 5 2
9	4 1 7 5 3
10	7 2 5 2 3
11	2 3 1 4 5 2
12	8 3 6
13	8 1 4 6 2
14	2 2 3 4 4
15	2 1 2 2 4
16	5 4 2 4 4
17	2 2 4 2 7
18	3 3 1 5
19	2 2 1 2 3
20	3 1 2 5
21	6 3 5
22	6 3 4
23	2 2 2 3
24	3 1 2 4
25	7 1 1 6
26	2 2 2 2 2 6
27	2 3 2 2 6
28	7 2 4 5
29	8 2 3 3
30	2 3 2 3 2 2
31	2 2 1 2 2 2 4
32	1 3 1 3 1 6
33	1 2 2 1 2 2 5
34	6 4 2 6
35	3 4 6

Row clues (left to right):

Row	Clues
1	2 5 6 6
2	3 5 7 6
3	4 4 3 1 2 2
4	4 4 2 1 2 1
5	4 3 2 3 3 1
6	3 2 7 1
7	2 2 3 4 5
8	3 3 2 2
9	8 2 4 4
10	1 4 2 4
11	1 5 1 6 1
12	1 6 1 5 2
13	2 7 4 8
14	2 3 3 2 4 2
15	2 3 6 1
16	6 3 2
17	5 2
18	5 1 2
19	6 2 3
20	4 2 1 1
21	5 2 3 2
22	3 2 3 4 3
23	6 3 4 2 2 1
24	4 4 7 2 1
25	5 4 4 2 2
26	5 4 2 2 7 2 2
27	4 2 3 5 8
28	4 3 4 4 5 1
29	4 3 5 3 2 2
30	3 3 4 3 4 4
31	3 3 3 1 2 5 4
32	4 2 2 4 4 5 5
33	5 2 4 5 5 5
34	5 4 4 5 10
35	1 3 4 3 4 7

B74 숙면에 가장 중요해요

난이도 ★★★☆☆

35×35

Column clues (left to right, top to bottom)

Column	Clues
1	11 13
2	10 2 6
3	10 2 3
4	9 2 2
5	9 3 2
6	9 1 3 2
7	8 1 2 1 3
8	8 1 2 3 2
9	8 3 1 2 3 3
10	8 5 2 4 1 3
11	7 7 2 3 1 1 2
12	5 5 4 3 1 1 2
13	4 5 4 2 2
14	3 5 1 3 1 2
15	2 5 3 1 2
16	2 6 3 2 1 2
17	1 7 2 3 1 2 2
18	1 10 1 2 2 2
19	1 9 1 2 1 2
20	10 2 1 2 1 2
21	12 2 2 2 3
22	10 2 2 2
23	1 9 3 3 2
24	1 10 8 2
25	2 11 3 5 1
26	2 11 5 5 3
27	3 10 5 4 5
28	3 13 9
29	4 10 4
30	4 8 3
31	5 6 3
32	6 4 2
33	7 3 2
34	9 3 2
35	16 2

Row clues (top to bottom)

Row	Clues
1	19 13
2	16 11
3	14 9
4	13 5 7
5	12 10 5
6	11 13 4
7	11 15 3
8	10 16 2
9	6 19 2
10	3 20 1
11	1 4 14 1
12	4 14 1
13	7 2 13 1
14	1 3 1 1 12
15	1 1 2 11
16	2 3 2 10
17	3 2 1 4
18	1 2 5 2 1 3
19	1 2 9 1 1
20	2 1 2 2 1 3 1
21	2 2 2 2 3 2
22	2 1 4 4 2
23	3 2 8 1 2
24	3 2 5 2 2
25	4 3 4 1 1
26	1 2 4 5 2
27	2 9 8
28	8 14
29	2 9
30	6 2
31	1 2
32	6 2
33	3 4 2
34	16 2
35	7 7

B75 우리 모두 뿌듯해요

난이도 ★★★☆☆

35×35

											6																							
										1	2		1		1			1	1			1												
	1				1					1	1		1	6	1			3	3	1	1	4			5							11		
	1	1		1	2	1	1	7	1	1	2	6	2	1	1	1	1	2	2	3	3	2	6		3		7		1	2	11	2	2	2
	7	1	1	2	4	2	2	3	2	2	1	1	2	1	1	4	9	3	2	3	2	1	2	5	2		1		1	1	4	3	1	1
13	1	8	4	7	2	1	5	3	3	2	2	2	8	1	2	7	2	4	1	1	1	1	2	4	2	17	1	25	2	2	5	1	1	1
8	2	4	11	1	2	1	1	1	1	3	2	6	1	8	5	3	3	2	1	1	1	2	10	2	1	11	3	1	1	1	1	1	1	1
5	3	3	3	4	2	2	3	5	3	3	3	10	2	2	3	13	12	1	1	7	3	3	3	10	3	2	1	5	5	5	5	5	5	5

		9	2	10	1	1	2
1	1	2	1	1	1	1	2
1	1	2	1	6	1	1	2
	1	1	2	1	10	1	2
	1	1	2	1	11	1	2
			1	8	3	7	2
			1	3	3	5	2
		1	2	4	2	4	2
	1	2	4	3	2	3	2
	1	2	3	3	1	3	4
	1	1	2	2	3	4	4
	1	1	1	2	6	2	5
5	2	1	1	2	4	1	3
1	1	1	1	9	1	1	2
		4	4	2	3	1	1
	4	2	1	2	2	2	4
		5	3	2	1	3	3
		6	7	2	1	1	1
	5	2	3	2	2	1	2
				4	7	3	4
		4	4	1	1	4	1
	4	5	1	1	1	1	2
				4	13	1	7
	1	3	2	5	2	1	2
		4	6	2	2	1	3
			2	3	3	2	2
		1	1	2	5	1	9
	2	1	1	3	1	1	1
			2	3	1	6	3
1	2	1	1	4	1	1	1
1	2	1	3	2	1	1	9
		5	5	2	1	1	7
			6	6	2	6	7
			5	5	2	6	7
						6	7

B76 네 가지의 친구가 필요해요

난이도 ★★★☆☆

35×35

																			6				5											
		3	2													4			2				2	6	6									
		2	2	1								1	16		2	2	8	11	2	7			1	2	1	7	8							
	4	1	1	1					2			1	3	16	2	1	4	3	2	2			1	1	1	2	2	8						
7	4	2	2	2	2	17	17	4	1	5	5	2	1	5	1	1	1	2	2	3	6	5	1	1	1	1	5	2	6	9	5			
2	2	4	3	2	5	4	1	1	1	7	9	1	3	2	1	1	1	1	1	1	1	2	8	3	2	3	4	10	13	10	5	1	15	23
6	5	2	2	2	1	2	2	2	3	3	1	5	3	2	2	2	1	1	1	1	13	12	4	1	1	1	2	4	2	5	5	5	6	3
1	2	2	3	4	2	2	2	2	2	2	2	2	2	2	2	2	2	2	2	2	2	2	2	2	2	3	3	3	3	1	2	3	4	5

					2	2	8	2
				2	2	2	12	2
				2	2	2	14	2
				1	2	2	14	2
				2	2	2	15	2
			1	2	2	6	8	2
			1	2	2	5	6	2
	2	2	2	2	3	2	2	2
1	2	2	2	5	3	1	2	2
		3	2	2	4	2	1	2
		2	2	2	1	2	3	2
		4	2	2	2	2	3	2
		2	2	2	3	2	3	2
			1	2	2	2	7	7
				2	2	10	5	2
				8	2	7	11	1
			8	2	2	2	5	1
				5	3	3	4	1
				2	3	3	4	1
				1	5	3	3	1
			1	2	1	5	3	1
			5	1	2	3	3	1
					9	3	3	2
				7	2	3	2	1
							28	3
			4	2	2	2	5	4
			3	2	1	3	2	7
			2	2	1	2	1	6
		1	2	3	1	1	2	3
			2	2	1	2	5	3
				2	2	7	3	1
				2	3	7	3	2
						2	3	3
							26	4
							25	5

B77 우리나라 전통 춤 중 하나예요

난이도 ★★★☆☆

35×35

세로 열 힌트 (위에서 아래로)

열	힌트
1	11 1
2	3 3 1
3	2 4 3
4	2 2 3 2
5	3 8 8
6	1 3 6 4 2 1
7	1 1 1 6 4 1 1
8	1 1 8 4 1
9	2 1 7 2 1
10	1 2 6 1
11	2 1 5 2 1
12	2 1 9 2 4
13	2 1 16 2 5
14	2 1 10 8 1 2
15	1 1 7 6 1 2
16	1 6 6 6 1 2
17	4 4 4 5 5
18	2 3 1 2 2 5 3 2
19	2 3 2 1 3 1 5 2 1 1
20	1 5 3 3 11 1
21	1 2 2 1 4 5 1
22	1 5 12 1 1
23	2 3 3 5 1 1 1
24	4 4 4 2 1 1
25	7 3 1 1 1
26	6 1 5 1 1
27	5 2 1 1 4 2
28	6 4 1 2 3 2
29	5 2 3 2 1 4 2
30	1 7 4 2 4 5 2
31	1 2 2 2 3 4 4
32	1 6 2 4 4
33	2 3 3 4
34	2 3 4
35	10 4

가로 행 힌트 (왼쪽에서 오른쪽으로)

행	힌트
1	8
2	2 3 2 6
3	2 1 1 1 4 2
4	3 4 1 8 2
5	4 1 3 10 1
6	5 2 1 3 2 8 1
7	1 3 1 1 1 4 1 1 1
8	6 1 4 3 1 1 1
9	1 4 4 2 1 1 1
10	3 3 2 3 2 1 1
11	7 1 6 2 2 1
12	8 2 1 2 2 2 1
13	10 3 1 4 2
14	12 1 2 3 1
15	14 4 3 2
16	8 6 3 3
17	2 5 11 2
18	1 4 7 4
19	2 3 1 10
20	1 1 1 1 11 2
21	1 1 2 14 2
22	1 1 1 13 1
23	1 2 1 9 2
24	1 1 2 8 3 3
25	1 2 1 4 1 5 1
26	1 1 2 1 1 1 1 2
27	1 1 3 1 1 1 3
28	2 1 2 2 1 1 4
29	2 4 2 2 2 4
30	2 2 1 2 5
31	3 7 4
32	13 19
33	1 1 5
34	7 9
35	6 13

B78 태양을 피하는 방법

난이도 ★★★☆☆

35×35

1																																		
2	1																																	
2	2	1	1											1								1	1		1									
2	2	1	2						1		1	2	1	1		2		1			1	1	1	2	1	1				1		1		
2	5	1	2	1		8	7	6	1	1	3	2	2	1	3	1	2	1		1	1	1	2	1	2	1				1	1	3	2	
2	1	2	2	2	1	2	3	4	1	3	1	1	2	1	1	5	3	1	1	1	1	1	2	1	3	4	1		2	1	1	2	2	5
5	5	3	3	4	1	2	4	5	4	2	3	6	1	1	7	1	1	6	1	2	3	2	2	3	2	4	3	5	2	1	2	1	6	2
1	2	1	5	3	2	1	2	1	2	3	2	4	2	4	3	3	2	2	4	12	3	2	1	2	1	4	6	1	2	10	2	1	1	1
4	4	4	10	18	14	4	4	4	4	4	4	4	6	2	1	1	2	4	14	5	11	6	5	5	6	7	13	18	14	4	7	6	3	4

						7	7	5
					2	3	2	2
				2	2	3	1	1
			2	2	3	8	1	1
						3	1	1
			2	2	3	9	2	2
		2	2	7	3	5	2	5
				5	3	1	4	1
			2	2	2	2	5	2
			4	2	1	2	3	1
				1	1	1	2	3
				5	2	1	1	2
			2	6	1	1	1	2
					12	1	1	4
						3	2	19
				1	3	1	3	7
					2	2	3	6
				2	1	1	3	5
			2	2	1	4	2	4
	1	2	2	1	1	4	2	4
	2	2	2	1	2	2	1	3
	2	3	2	1	1	2	2	4
			2	2	3	8	2	8
		3	2	2	2	1	2	6
			2	4	2	1	3	8
				6	1	3	5	7
			3	2	2	2	4	7
2	3	3	1	1	1	4	3	2
			7	1	5	1	2	1
			3	4	1	2	3	2
					3	3	7	1
				14	1	7	1	2
				14	1	7	1	1
				15	2	7	1	1
					19	7	1	1

C79 바다의 말이라고 불려요

난이도 ★★★☆☆ (3.5)

30×40

Column clues (top to bottom):

Column	Clues
1	5 4 4 2 2
2	5 1 4 6 4 4
3	5 2 4 16 2
4	5 1 2 20
5	5 1 2 6 4 8
6	5 1 1 4 4 3 4
7	5 2 1 2 2 2 7
8	4 1 1 6
9	4 1 2 6 3
10	3 2 2 3 1 3 4
11	2 4 2 3 1 2 3
12	2 2 2 2 1 1 2 1
13	1 2 2 2 2 1 3
14	2 7 1 1 2 1 5
15	3 2 1 2 2 1 1 1 2 6
16	3 4 2 7 1 2 7
17	3 4 1 4 7 3 2 3
18	2 1 1 4 1 5 2 3 3
19	2 2 1 1 2 2 2 2 1 1
20	4 2 2 2 1 2 2 2 1
21	4 2 1 2 2 4 2 3 1
22	4 1 6 2 6 3
23	4 5 3 2 1 1 2
24	7 4 2 1 2 1 2 2 3
25	2 10 1 2 4 2 3
26	1 3 4 2 2 2 2 3 1 5
27	3 2 3 2 2 1 10 1
28	4 1 11 1 3 2 2
29	4 2 5 2 1 4
30	4 2 1 6

Row clues (left to right):

Row	Clues
1	13 3 2 5
2	12 9 2 4
3	10 13 4
4	9 2 5 3
5	7 2 3 2
6	1 3 5
7	1 3 1 3
8	2 3 1 2
9	3 4 3 2
10	1 5 1 3
11	2 2 2 4
12	3 6 2 3
13	2 15 2
14	4 3 1 3
15	2 1 1 7 2
16	2 4 2 3
17	4 4 1 1 3
18	6 2 3 5 3
19	7 2 2 3 3
20	7 4 1 3 5
21	6 2 18
22	4 1 2 2 2
23	2 1 2 6 1
24	5 9 3 6
25	7 1 3 1 2
26	7 2 2 5
27	5 1 5 2 3
28	2 5 2 2 2
29	5 3 5 2
30	7 5 2 5
31	7 5 2 2 2
32	4 3 3 1
33	4 3 2
34	6 4 2 3
35	6 6 3 2 1
36	5 3 2 2 3 1
37	4 3 2 2 2
38	5 9 3 2
39	5 5 3 3
40	3 9 4

C80 간절히 빌면 이뤄질 수도 있어요

난이도 ★★★☆☆

30×40

열	열 힌트
1	5 6
2	9 6
3	10 9 6
4	12 3 7
5	7 7 2 5
6	7 1 2 3 1 4
7	7 1 2 2 7 3 2
8	7 3 1 1 3 1
9	8 1 1 6 1
10	9 2 3 4 1
11	9 1 7 3 1
12	10 1 2 4 3 2 2
13	10 1 2 1 4 1 4
14	11 1 2 1 3 3
15	1 10 1 2 3 3
16	1 10 1 1 1 3 3
17	1 10 4 2
18	12 2 4 1
19	1 10 2 1 4 2
20	15 3 2 3 1
21	1 10 3 1 3 2 1
22	1 1 7 2 2 2 3 1 1
23	1 1 12 1 2 4 1
24	1 9 3 1 1 1
25	1 12 1 1 1
26	2 2 10 1 2 2
27	7 6 2 1 2
28	7 6 1 1 3
29	15 3 9
30	5 4 8 7

행	행 힌트
1	13
2	6 1 1 2
3	13 4 1
4	17 2
5	18 2
6	22 4
7	28
8	24 3
9	25 3
10	5 17 3
11	4 15 2
12	4 12 2
13	4 2 4 2
14	6 6 1 5 1
15	3 1 7
16	4 5 1 5
17	4 4 2 6
18	1 1 3 6
19	1 2 2 5
20	2 4 3
21	1 5 2 6
22	3 3 2 1 3
23	2 3 7 2 1
24	1 5 1 1 2 2
25	2 3 1 1 2 3 1
26	1 5 1 1 3 1
27	1 1 1 2 1 1 1 1
28	1 1 1 1 1 1 2 1 1
29	1 1 1 1 1 1 1 1
30	1 1 1 1 2 2
31	1 1 2 2 1 5
32	1 2 2 1 5 1
33	2 1 2 2 1 1
34	5 3 3 2
35	5 1 2 2 2
36	7 4 3
37	6 1 2 3
38	6 1 2 4
39	4 2 2 3 2 1
40	3 6 8 1

C81 상대편의 모자를 뺏으면 이기는 게임이에요

난이도 ★★★☆☆

30×40

세로 (열) 힌트

열	힌트
1	4 2
2	4 2 4 9
3	7 1 6 2
4	3 2 3 6 2
5	2 1 1 1 1 10
6	2 4 1 5
7	4 2 1 3 1 7
8	2 2 3 1 1 6 1
9	1 1 4 2 4 4 3
10	1 2 1 10 1 5 2
11	3 1 7 1 10
12	5 3 1 2 1 3 6
13	1 1 3 3 7 1 1 2
14	6 1 1 2 1 1 1 1 2
15	2 1 2 7 1 1 1 7
16	2 2 1 1 3 2 2 1 1
17	2 1 4 5 7 1 1 3
18	2 1 3 6 1 1 1 1 1 2
19	2 2 1 3 4 1 1 1 1 3
20	2 1 2 1 1 1 1 6 2
21	2 2 2 1 1 4 10 2 3
22	2 5 4 9 1 1 8
23	5 1 2 3 1 2 1 2 4 2
24	2 1 1 3 2 1 2 1 9
25	3 2 1 5 3 1 1 4 2
26	2 5 3 1 3 1 1 4 2
27	4 1 3 1 9
28	5 2 1 1 4 2
29	8 1 1 3 2
30	4 16

가로 (행) 힌트

행	힌트
1	8
2	10
3	1 3
4	13
5	1 1 1 3 2
6	3 1 1 2
7	2 1 1 3 2
8	1 2 1 2 6
9	1 11 2
10	1 1 1 1
11	1 1 5
12	5 1 4 1
13	4 1 1 2
14	1 1 2
15	1 10
16	6 6 8
17	16 3 6
18	3 6 8 4
19	2 1 1 3 3 3 1 3
20	2 1 4 1 3 2 1 2
21	2 3 2 1 2 1 3 1
22	2 2 3 2 2 2 2 2
23	11 2 9
24	2 1 6 1 1
25	1 1 1 1 4 1 1
26	1 1 2 1 1 1 4 1
27	4 3 1 1 1 4
28	1 3 5 7 1
29	1 2 1 1 1 4 1
30	3 1 2 6 4
31	10 2 1
32	29
33	10 1 9
34	10 1 1 9
35	6 19 1
36	1 1 1 2 1 1 2 1 1 1
37	1 1 3 2 1 2 1 1 1 1
38	1 1 4 1 1 2 1 4
39	5 7 13
40	5 5 4 5

C82 편지가 잘 전해지길 바라요

난이도 ★★★★☆

30×40

열	힌트
1	22 4
2	2 1 2 1 2
3	3 2 2 3 2
4	1 2 22 6
5	1 3 4 2 1
6	1 2 5 4 1 1
7	1 1 7 1 2 1
8	1 1 5 2 1 1 3 1
9	1 1 3 1 2 1 2 1 7 1
10	1 1 2 1 2 6 7 1
11	1 1 6 2 6 7 1
12	1 1 1 3 1 2 2 7 1
13	1 1 4 1 4 6 7 1
14	1 1 6 2 1 2 1 7 1
15	1 1 6 1 2 1 1 2 1
16	2 1 9 1 2 1 1
17	3 3 1 5 1 1 3 1
18	5 4 1 1 2 2 1
19	4 8 11 3
20	3 2 1 4 1
21	3 1 3 1 5 3
22	5 3 3 1 15
23	7 1 1 1 3
24	5 1 1 2 1 3
25	12 2 1 3
26	9 2 5 1 3
27	8 2 14
28	6 4 5 4
29	4 5 2 8
30	4 3

행	힌트
1	8
2	11
3	12
4	3 8
5	1 8
6	16 1 1 5
7	2 2 1 1 5
8	4 2 5
9	1 2 1 3
10	3 2 2 1
11	1 20 2
12	1 1 1 6
13	1 1 6 5 1 2 2
14	1 1 6 5 1 1 1
15	1 1 4 7 3 1
16	1 1 3 1 5 2 1 1 1
17	1 1 6 7 1 1 1
18	1 1 1 6 3 1 1
19	1 1 2 1 1 1 1
20	1 1 2 2 1 2 1
21	1 1 2 7 2 1
22	1 1 2 2 6 1
23	1 1 3 1 1 1
24	1 1 1 1 1
25	1 1 6 1 1 2
26	1 1 4 1 9
27	1 1 3 3 1 1 2
28	1 1 4 3 1 1 2
29	2 1 4 1 1 2
30	3 6 1 1 2
31	2 2 1 1 1
32	15 1 1 1
33	2 6 1 1 1
34	2 6 1 1 1
35	6 8 1 1 1
36	1 2 7 2 1 4
37	1 3 9 2 1 4
38	2 16 10
39	3 1 8
40	17 6

C83 균형을 잘 잡아야 해요

난이도 ★★★☆☆

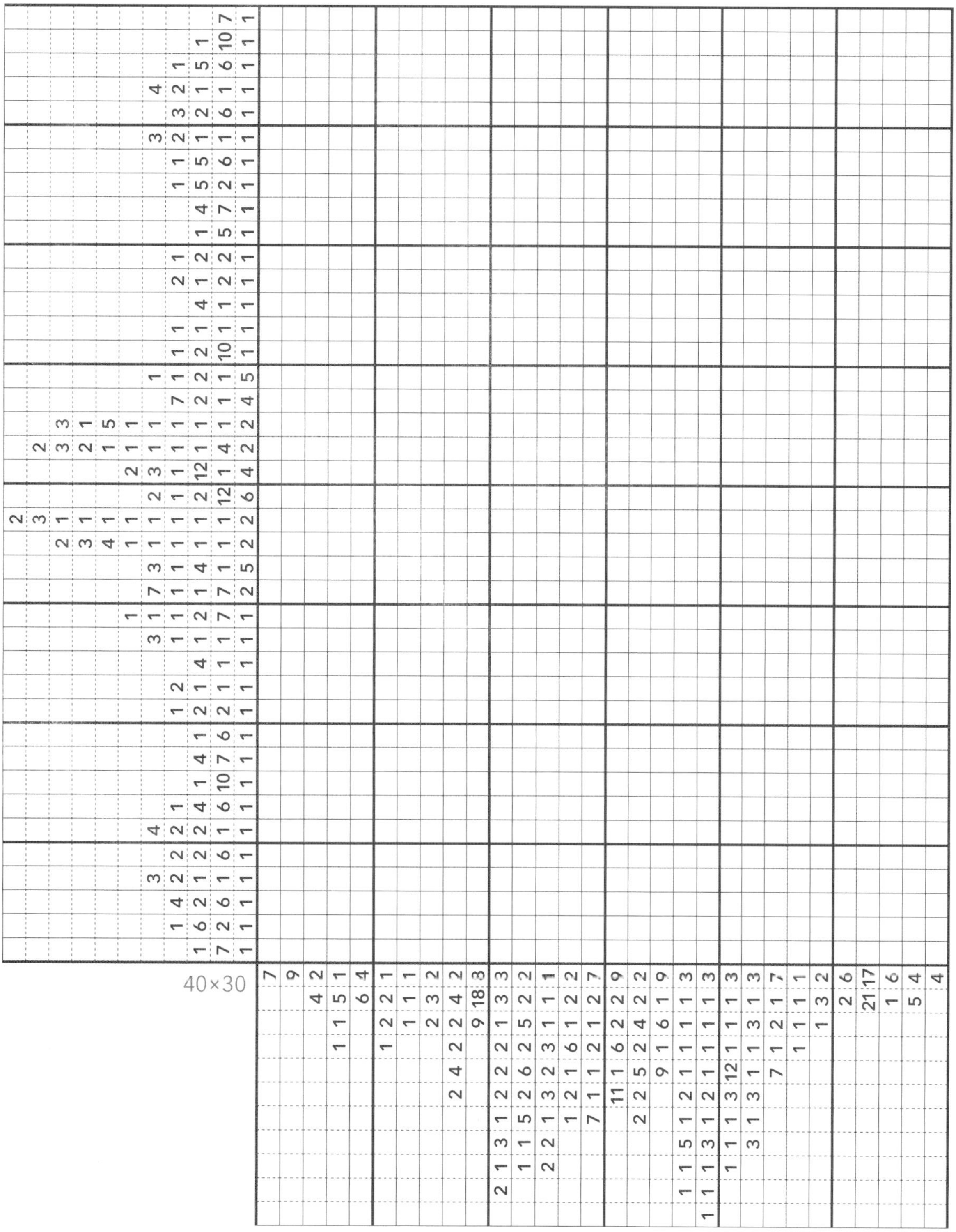

40×30

C84 식곤증이 몰려와요

난이도 ★★★☆☆

40×30

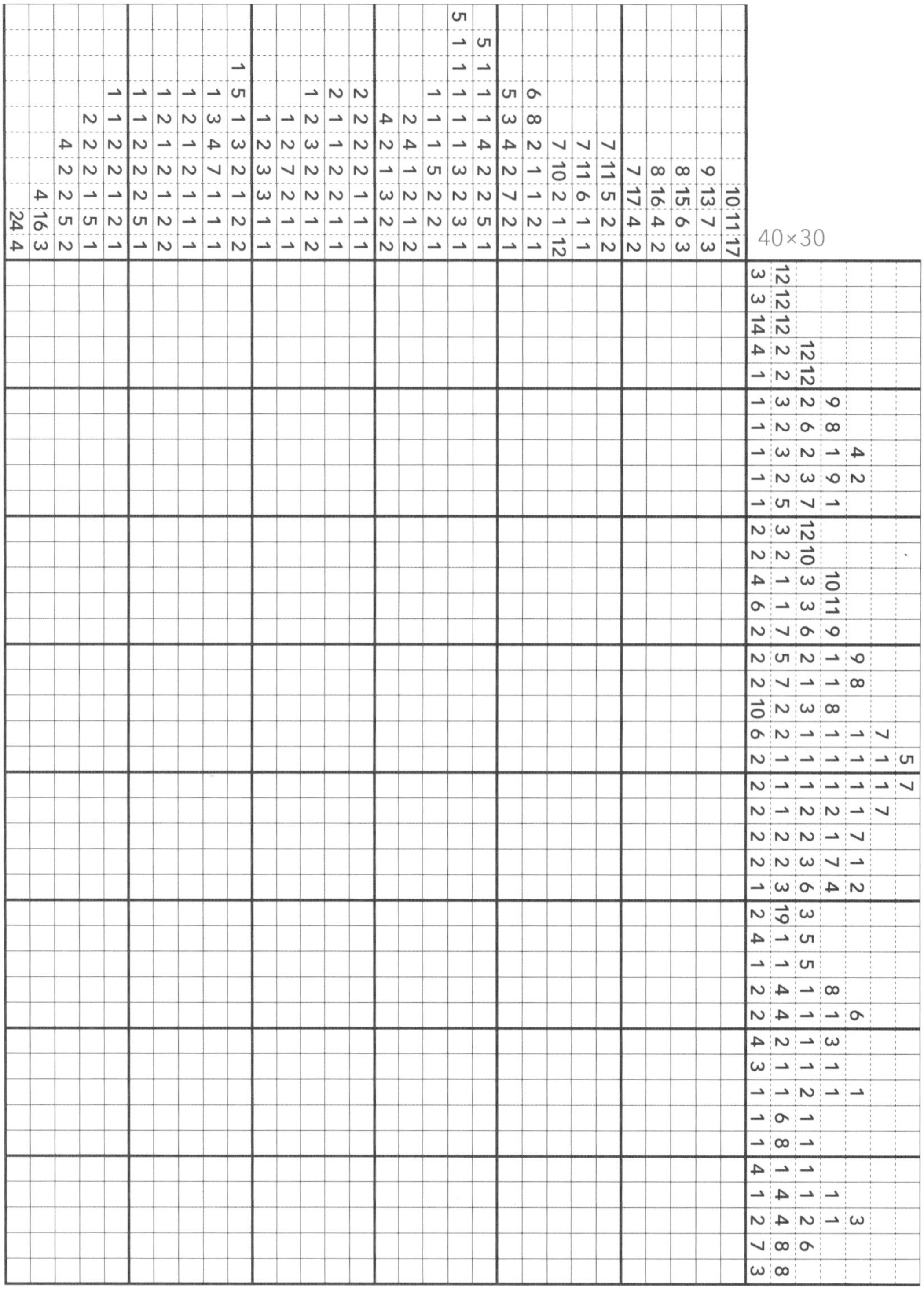

C85 여행 갈 때 가장 떨리는 순간이에요

난이도 ★★★☆☆

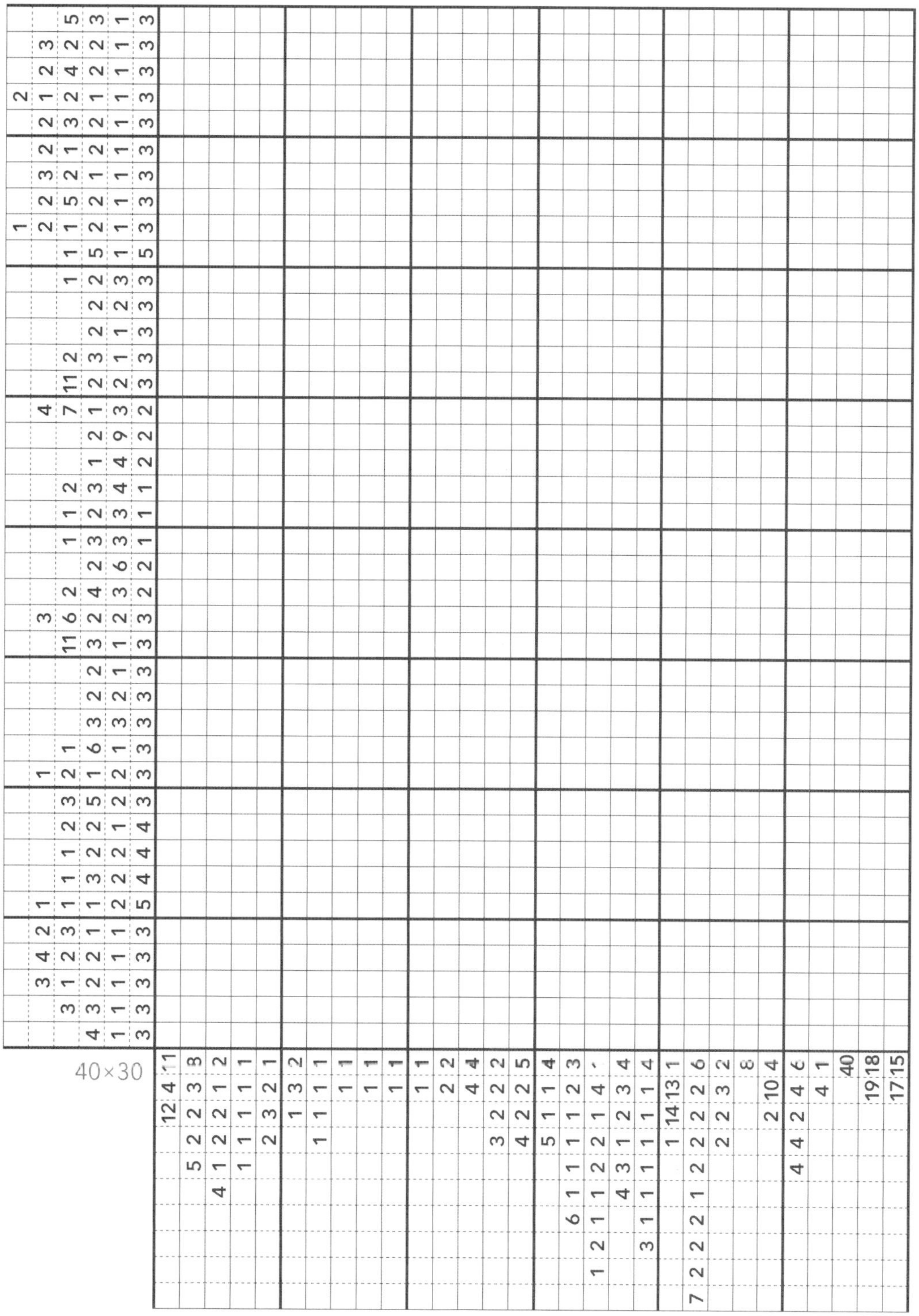

40×30

C86 화면에 나오면 안돼요~

난이도 ★★★★☆

40×30

Column clues (left to right)

1. 19
2. 20
3. 2 16 2
4. 1 16 2
5. 1 5 6 2
6. 1 5 4 1
7. 1 15 2
8. 1 1 2 2 1
9. 1 2 2 3 2 2 1
10. 1 4 4 1
11. 1 2 1 2 2 2 1
12. 1 1 1 1 2 2 1 1 1 4
13. 1 1 1 1 4 3 1 1 2 6
14. 1 1 4 2 1 1 1 6
15. 1 1 4 12 1 7
16. 1 2 12 2 1 1 4 3
17. 2 2 1 9 1 1 1 7
18. 4 1 2 6 2 1 1 7
19. 5 1 2 2 1 2 8
20. 1 3 8 1 1 8
21. 2 4 2 1 9
22. 10 2 1 8
23. 7 2 1 6 2
24. 8 1 1 1 9
25. 8 2 2 7
26. 11 6
27. 2 6 4
28. 2 14
29. 5 4 3 2
30. 8

Row clues (top to bottom)

1. 3
2. 15
3. 3 2 2
4. 1 2 1
5. 2 5 2 1
6. 2 3 2 3
7. 4 8 6
8. 7 1 3 2
9. 7 10 3
10. 9 4 2 2
11. 8 2 3 2 3
12. 7 2 3 1 3
13. 4 1 1 1 4 1 2
14. 4 1 1 1 4 1 3
15. 4 1 1 1 4 1 3
16. 5 1 2 4 1 2
17. 5 2 2 4 1 3
18. 9 4 1 3
19. 7 9 1 2
20. 8 2 1 2 3
21. 10 7 6
22. 4 3 2 2 1 2
23. 2 5 2 2 1
24. 3 7 3 1
25. 2 2 1
26. 2 4
27. 3 4
28. 7 7 2
29. 7 3
30. 3
31. 2
32. 2 2 4 3
33. 14 1 1
34. 15 3
35. 19
36. 4 14
37. 17 1
38. 10 7
39. 2 7 3
40. 2 2 2

C87 서로의 어깨에 기대요

난이도 ★★★★☆

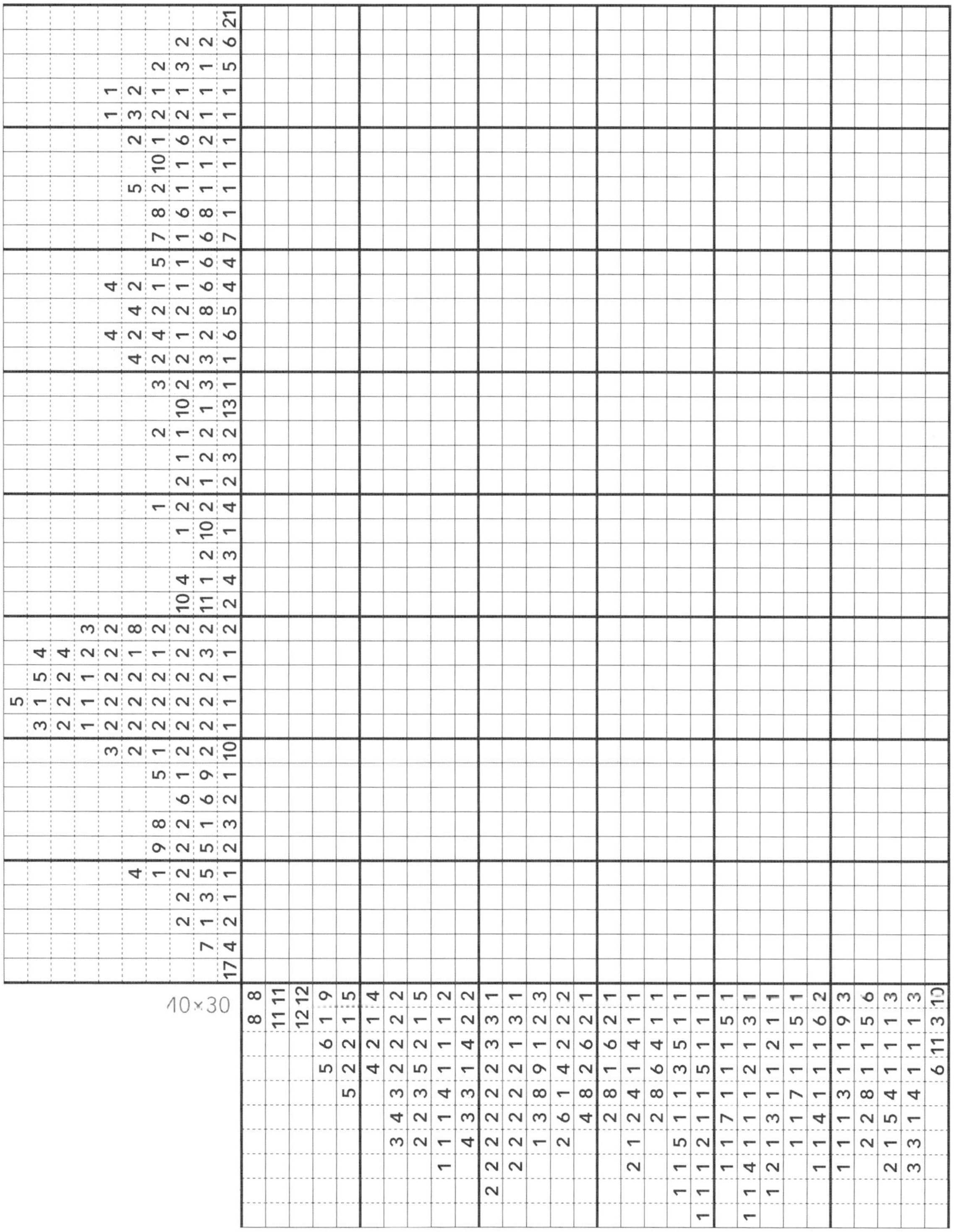

40×30

C88 신경전이 치열해요

난이도 ★★★★☆

40×30

Column clues (left to right, each read top to bottom)

Column	Clue
1	18 6 4 4
2	12 2 2 2 5 2 1
3	10 3 7 3
4	9 2 10
5	8 1 3 3 3 2
6	8 2 1 1 2 1 2
7	7 2 1 4 1 2
8	7 2 2 2 2 6
9	7 3 5 1 6 3
10	8 1 3 2 2 2 2 2
11	8 2 1 1 5 3
12	6 9 3 1 2 1 5
13	11 8 1 2 2 3
14	5 5 4 4 8 3
15	1 7 4 3 1 6 4
16	1 6 2 1 1 2 2 3 3
17	11 1 2 1 2 3 4 3
18	6 4 1 2 5 4
19	2 1 3 2 2 3 5
20	2 2 1 3 1 1 1 5
21	4 2 2 2 1 2 3 2 1 4
22	7 2 1 1 2 2 3 2 2
23	7 2 1 2 4 2 3 6
24	1 7 1 2 1 9 1
25	1 1 2 1 2 2 2
26	5 2 1 2 1 1 3
27	11 2 1 2 11
28	9 2 1 1 9
29	5 1 2 2 8
30	5 3 3 4

Row clues (top to bottom, each read left to right)

Row	Clue
1	13
2	17 6
3	14 1 4 2
4	14 7 3
5	14 3 3 3
6	14 3 2 5
7	11 1 3 4 4
8	6 4 10 4
9	4 7 1 4
10	3 6 2 4
11	2 7 4 2
12	2 2 2 2 2 1 2
13	1 4 3 2 1 2
14	1 2 1 5 6 3
15	1 4 3 3 2 1
16	1 2 6 3 2
17	1 2 2 3 3 2
18	2 1 4 2 2
19	2 2 2 3 2 3
20	7 2 4 2
21	4 2 3 5
22	2 3 8 3
23	1 2 2 2 3
24	1 4 3 5 3
25	1 2 3 2 3 3
26	1 2 1 3 7 2
27	2 1 1 2 3 4 1
28	8 4 4 1 1 4
29	2 4 5 4 3
30	3 2 2 1 4 4
31	4 1 2 2 2 4
32	5 1 4 1 4
33	4 2 5 3 4
34	4 2 2 3 5 3
35	2 1 3 2 1 4
36	4 1 4 3 1 3
37	5 8 6 3
38	3 2 14
39	1 2 8
40	2 1 6

C89 축하합니다~

난이도 ★★★★☆

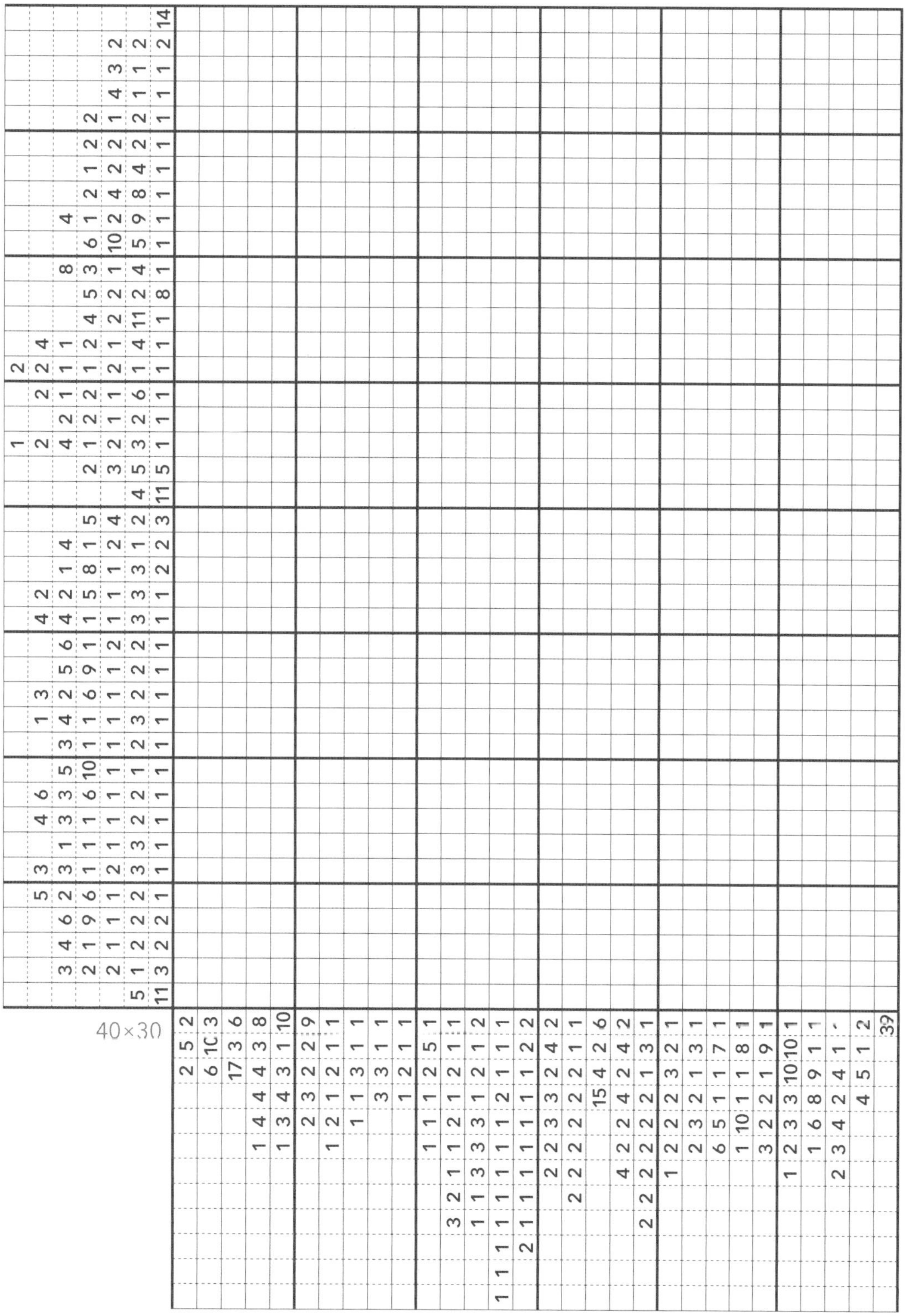

40×30

C90 사과를 먹으라고 유혹하고 있어요

난이도 ★★★★☆

40×30

Column	Clues
1	2 10 7 6 4
2	2 23
3	2 6 14
4	3 11 7 1
5	13 2 12 2 1
6	6 5 11 6 2
7	12 2 5 3 5 2
8	6 4 1 4 2 3
9	5 2 3 2 1 1 3
10	4 2 2 1 1 1 5
11	4 1 2 1 1 2 4
12	4 1 1 2 1 2 6 3
13	6 1 2 1 2 6 2
14	6 3 1 2 3 2 2
15	6 4 1 1 1 7 2 1
16	9 5 1 1 2 1 1
17	6 2 3 1 3 2 1
18	2 2 3 1 1
19	3 3 2 2
20	5 5 1 1
21	5 1 1 3
22	3 6 1 3 6
23	5 1 3 8 6
24	2 5 2 13 5
25	8 17 3
26	1 4 8 2 1 2
27	6 2 8 1 2 1 2
28	1 2 7 1 1 1 2 3 1
29	2 7 1 2 4 5
30	8 4 2

Row	Clues
1	9 1
2	14 3
3	12 1 2
4	12 1 1
5	12 1 1
6	4 5 5 1
7	1 1 6 2 3
8	1 1 1 2 3 1 2
9	1 1 1 3 2 4 2
10	1 4 2 3 9
11	1 5 4 8
12	1 12 5 2
13	1 2 8 3 3
14	2 2 2
15	2 3 3 2
16	3 9 1 5
17	4 2 1 3
18	5 2 3 6
19	12 1 5 3 1
20	4 3 2 2 9 1
21	8 2 5 4 2
22	2 5 1 5 3 6
23	7 1 3
24	6 3 4 3
25	7 2 1 2 3 3
26	6 2 1 1 5 1
27	7 4 1 2 4 1
28	3 2 3 2 1 3 2
29	5 3 2 1 7
30	6 1 2 1 1 4
31	7 2 1 6
32	7 2 3
33	3 2 3 2
34	7 3 2
35	8 5 1
36	3 3 3 2
37	1 2 6 5 1
38	7 7 1
39	8 5 2
40	9 3 3

C91 부리가 매력적이에요

난이도 ★★★☆☆

40×40

열	단서 (위→아래)
1	2 2 2 9 2
2	3 3 3 4 2 2 2 3
3	3 4 3 3 3 3 2 5
4	4 3 5 1 4 9
5	4 2 2 5 2 2 4 2
6	8 2 3 3 2 3
7	4 1 2 8 5
8	4 2 3 3 3 4 3
9	4 2 3 1 5 2 2 1
10	3 4 13 2 2
11	1 7 10 7
12	18 1 10 2
13	17 10 1 3
14	3 14 8 4
15	3 2 14 6 2
16	2 1 10 5 5
17	2 3 6 7 3 1
18	2 3 6 6 2
19	2 8 9
20	2 5 4 5 1 1
21	5 4 5 3 4
22	3 4 4 3 1 2
23	1 1 11 1 1
24	1 1 1 1 1 1
25	1 1 1 1 1 1 1
26	1 1 1 2 3 1 1 1 2
27	1 1 1 3 3 3 1 3
28	1 1 1 1 3 3 3 1 3
29	1 1 1 3 3 3 4 1 4
30	1 1 1 4 3 3 4 1 3
31	1 1 1 5 3 3 3 1 3
32	1 2 1 1 8 2 3 2 3
33	1 4 1 6 3 1 2
34	1 4 1 5 4 2 1 2
35	1 4 1 5 4 6 6
36	2 4 5 4 2 1 1 3
37	6 2 4 4 1 1 3
38	6 4 4 1 5
39	6 3 4 2 3
40	5 1 3 1 2

행	단서 (왼쪽→오른쪽)
1	4 3 7 6
2	5 3 12 3
3	4 4 4 2 3
4	2 3 3 3 2 3
5	3 4 3 1 2 2 4 3
6	4 2 3 1 2 1 9
7	3 1 5 2 8
8	4 5 21
9	2 7 3 5
10	3 1 8 2 9 2
11	4 3 5 5
12	5 5 1
13	2 5 1 2
14	1 6 1 3 2
15	2 6 1 4 3
16	1 8 2 3 3
17	2 1 1 12 3 3
18	1 2 1 12 4 2 3
19	1 1 2 2 10 5 1 2 3
20	2 1 1 6 4 1 8 3
21	1 3 5 1 5 3 5 4
22	1 1 3 6 1 2 1 3 4
23	3 1 3 2 7 3 1 3
24	2 2 10 2 8 4 1
25	1 2 14 10 2
26	1 2 14 4 1 3
27	19 2 3
28	7 6 3 5 1 3
29	3 1 6 1 4 7 4
30	2 1 1 2 1 1 13
31	2 1 1 2 1 1 7
32	7 2 5 2 2 5
33	12 7 6 2
34	2 1 1 1 5
35	2 1 1 2 7
36	2 2 2 1 4 1 3
37	2 1 5 9 1 4
38	3 4 2 7 5
39	7 2 10
40	9 3

C92 깨끗해진 옷을 보면 기분이 좋아져요

난이도 ★★★☆☆ (3.5)

40×40

Column clues (top to bottom)

Column	Clues
1	13 1 13
2	1 11 2 13
3	2 9 3 11
4	2 9 5 9
5	2 8 6 7
6	2 7 7 6
7	1 5 7 5
8	6 6 7 5
9	4 14 4
10	2 12 4 3
11	2 20 2
12	2 15 1 3
13	2 7 6 2 2
14	2 9 2 1 3 2
15	2 6 1 4 2
16	1 5 1 3 2
17	1 4 2 7 2
18	1 5 2 2 2 2 4
19	6 1 2 1 3 7
20	2 4 2 1 3 1 3
21	1 11 1 4 1 2
22	1 4 1 5 1 2
23	1 2 2 2 1 2 4
24	1 4 2 1 2 1 6
25	3 3 2 1 1 1 4
26	2 1 1 2 2 2 1 1 4
27	1 1 1 2 1 1 2 3
28	8 3 1 2 3 3
29	2 2 2 3 1 1 3
30	3 4 2 2 2 3
31	2 4 5 1 1 3
32	1 3 7 1 5
33	1 2 2 11 1 4
34	5 15 1 1
35	2 14 2 1
36	1 15 1 1
37	2 2 11 2 2
38	4 2 12 2 3
39	2 3 2 13 6
40	2 20 2

Row clues (left to right)

Row	Clues
1	6
2	1 13 6
3	2 13 2
4	9 1 12
5	9 6 2 4 7
6	8 10 5 1 2 4
7	8 12 3 1 1 1
8	7 15 4 2 2
9	6 9 1 3 1 2 1
10	6 8 2 2 2 2
11	5 7 3 3 4 2 1
12	4 7 2 2 2 3 1
13	2 5 1 1 1 2 2
14	6 1 2 2 1 3
15	6 2 1 2 2 1 2 1
16	7 4 2 2 2 1
17	8 2 3 1 3 2
18	9 5 2 3 3
19	6 8 2 7
20	6 2 1 1 2 8
21	9 1 1 1 3 8
22	7 1 2 1 2 8
23	5 1 1 1 2 8
24	1 2 2 1 9
25	4 5 9
26	1 4 10
27	1 1 3 10
28	10 2 4 10
29	9 1 12
30	10 5 9
31	12 1 6
32	8 10 6
33	6 7 3 3
34	5 2 2 2
35	4 2 7 2
36	4 1 1 3 1
37	3 1 6 2 2
38	3 1 13 3
39	2 1 11 3
40	2 1 17

C93 배를 운전하며 노래를 불러 줘요

난이도 ★★★½☆

40×40

열	세로 힌트
1	2 2 6 1
2	2 6 6 2 4
3	2 2 4 5 3
4	3 3 6 2 5
5	4 1 7 2 3 2
6	3 2 2 2 6 7
7	3 2 2 5 3 2 5
8	2 2 2 3 2 1 3 1 2
9	2 2 2 6 5 1 1 3
10	1 5 5 1 1 3
11	1 3 1 10 2 1 1 3
12	1 6 2 3 1 2 2 1 1 3
13	1 2 3 1 2 1 1 2 1 1 1 1
14	3 3 2 2 1 2 1 3 1 1 3
15	2 3 5 1 7 4 1 1 3
16	2 2 2 9 3 5 1 1 2
17	1 2 4 3 5 6 1 1 3
18	1 3 1 2 3 13 1 1 3
19	4 2 1 3 3 9 1 1 3
20	3 2 4 4 10 1 1 3
21	2 2 2 1 1 3 7 2 1 1 1 1
22	2 5 6 9 2 1 1 3
23	1 2 2 2 3 5 2 1 1 3
24	3 7 3 4 2 1 1 3
25	2 1 2 2 5 2 1 1 3
26	2 1 3 12 1 1 3
27	1 2 3 11 2 1 2
28	1 2 2 4 8 1 2 3
29	2 2 2 8 2 1 3
30	2 2 1 6 1 1 3
31	3 4 2 2 2 2 3
32	4 1 5 5 2 1 1 2
33	4 2 1 6 2 2 4
34	3 1 1 4 3 2 5
35	3 1 2 3 5 3 4 1
36	2 3 2 2 4 3 8
37	2 2 1 22
38	3 6 5 6 2 2 2
39	4 2 4 9
40	6 3 4 3 2 1

행	가로 힌트
1	40
2	9 3 4 3 12
3	4 2 3 2 5 3
4	1 2 3 3 2 2
5	1 4 3 1
6	1 3 2 2 3 1
7	4 4 3 3 1 4
8	9 2 2 1 2 1 2
9	4 4 1 4 2 3
10	7 2 2 3 1 2 4 1 1
11	5 5 1 3 2 1 1 1
12	3 4 1 6 1 3
13	2 2 8 1 2 3
14	3 3 3 1 2 3
15	1 1 3 3 2 2 2 2
16	1 1 2 1 2 1 1 1 3
17	2 2 1 2 1 2 2 2 5
18	2 2 1 1 2 1 2 3 3
19	2 2 3 3 2 1 2 4
20	1 1 6 2 1 2 4
21	3 1 1 3 1 3 2 3 1
22	3 1 4 6 1 2
23	4 8 10 2 3
24	5 1 2 13 2 4
25	1 3 1 2 13 2 1 2
26	1 3 2 1 6 6 1 1 2
27	1 3 4 6 7 2 2
28	2 2 3 7 6 1 3
29	1 6 7 5 2 3
30	3 3 7 5 2 3
31	2 19 2 1 1
32	2 2 13 3 2 4
33	2 2 3 2 5
34	1 22 3 2 2
35	1 2 4 5
36	1 25 7
37	7 7 2
38	4 26 7
39	11 7 13 5
40	2 4 7 10 3 6 1

C94 위에서 본 풍경이 아름다워요

난이도 ★★★☆☆ (3.5)

40×40

Column clues (left to right, top to bottom):

Column	Clue
1	9 3 3 6
2	8 3 5 3 7
3	2 7 2
4	3 9 3
5	5 12 2
6	7 5 1 5 5
7	14 1 12
8	9 5 1 14
9	2 1 1 2 6 2 9
10	2 1 1 3 2 2 2 1 2
11	2 1 2 2 2 2 1 1 2
12	9 2 2 2 2 1 2
13	5 3 10 8
14	2 4 6 5 2
15	2 4 4 3 3
16	2 1 3 4 4 2
17	6 2 3 2 2 2 5
18	8 1 8 1 7
19	9 1 6 1 8
20	20 18
21	2 1 13 12 1 1
22	2 1 2 1 7 1 2 1 1
23	2 1 2 1 3 5 1 3 1 2
24	5 2 3 2 3 2 6
25	2 4 2 3 1 2
26	2 3 2 3 3
27	2 4 3 2 3 2
28	8 3 2 2 3 4
29	8 7 7
30	9 2 9
31	2 2 1 2 9
32	2 2 1 2 2 1 2
33	2 2 3 6 3 1 2
34	18 5 1 2
35	14 5
36	10
37	2 1 1
38	2 1 1
39	3 1 2
40	6

Row clues (top to bottom):

Row	Clue
1	2 4
2	2 6
3	2 4 2
4	2 4 1
5	2 4 9
6	2 7 7 4 4
7	2 4 5 4 11
8	2 4 2 7 3 2
9	1 9 5 4 1
10	4 2 2 8
11	1 4 2 2 8
12	2 3 2 2 4 1
13	4 7 8 3 2
14	6 6 2 5 5
15	5 3 2 3 3
16	6 3 2 5 2
17	8 5 2 3 1 3
18	6 4 3 5 1 6
19	4 2 3 7 1 8
20	4 1 4 5 1 4 2
21	4 11 15 1
22	18 19
23	4 1 4 6 1 4 1
24	3 2 3 7 1 4 2
25	5 3 2 2 3 2 6
26	6 2 2 2 3 1 2
27	5 3 2 3 2
28	5 3 2 3 3
29	9 5 2 2 2 5
30	4 8 8 7
31	2 4 2 2 3 2
32	1 4 1 2 4 1
33	8 6 8
34	1 4 1 8 4 1
35	2 4 4 4 2 6 2
36	2 14 4 6
37	2 4 12 4
38	2 4 1
39	2 3 2
40	2 5

C95 우리 팀 이겨라! 우리 팀 이겨라!

난이도 ★★★★☆

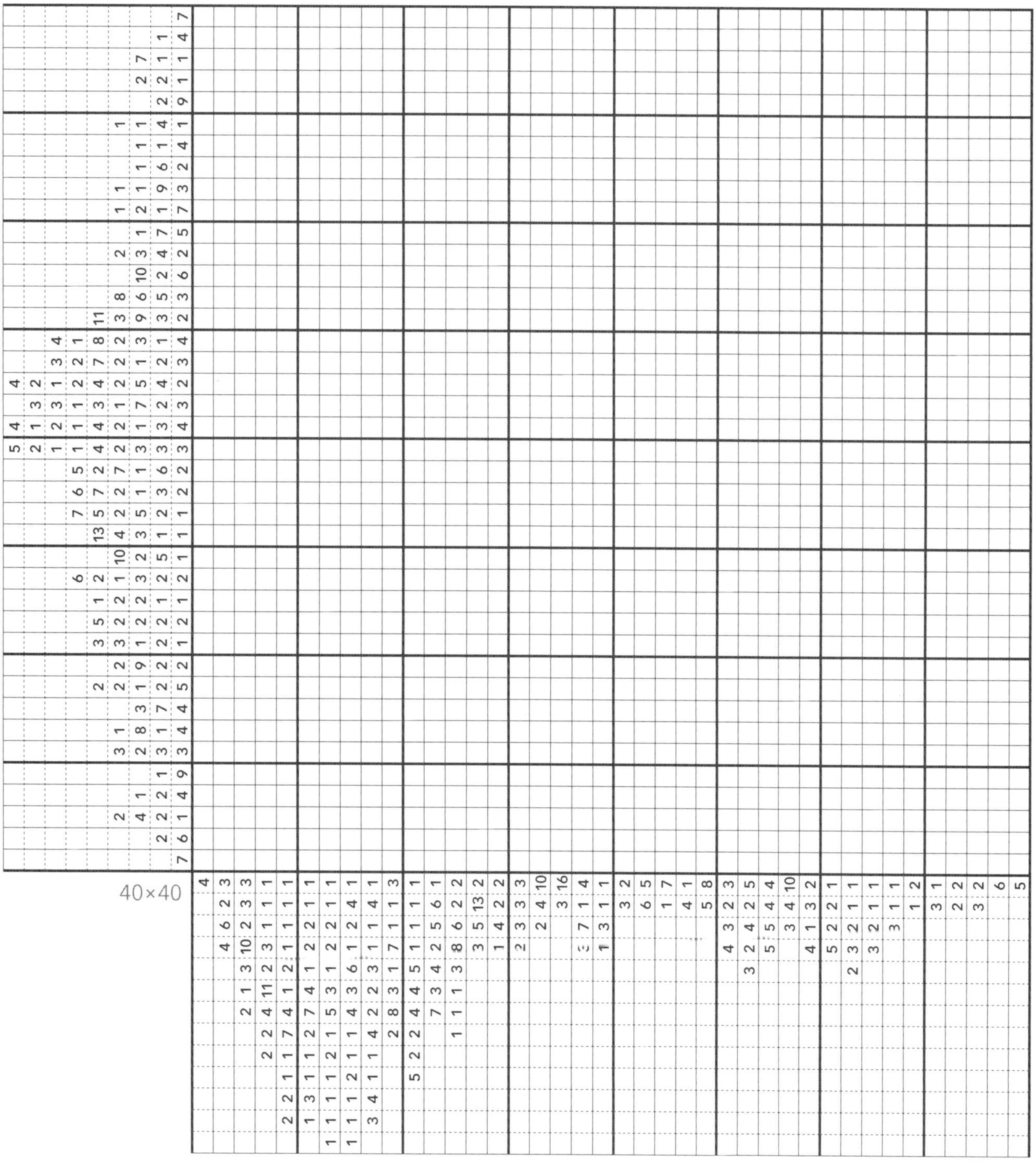

40×40

C96 같이 들을래요?

난이도 ★★★★☆

40×40

세로 (열)	단서
1	16
2	3
3	2
4	6 1
5	10 2
6	13 1
7	10 1 2 4 8
8	9 9 2 11
9	10 4 2
10	13 5 1
11	11 1 3 1
12	10 2 3 3
13	7 1 1 1 2 2 4
14	7 1 3 1 2 4 1 2
15	7 1 3 2 1 1 1 4 1 3
16	6 2 3 2 2 4 1 1 1
17	5 1 1 6 1 6 1 2
18	5 1 4 2 1 2 6 1 1
19	6 1 3 2 2 1 9
20	7 6 2 2 7
21	7 19
22	1 3 1
23	8 5 2
24	8 2 2 7
25	4 3 2 1
26	5 2 2 9
27	4 2 1 12
28	5 3 2 5 4 4
29	6 3 2 1 1 4 3
30	5 1 6 1 2
31	7 5 1 2
32	8 2 1 2
33	9 1 2 4 2
34	11 9 2
35	9 2 1 2 2
36	18 2
37	16 2
38	14 2
39	10
40	19

가로 (행)	단서
1	8
2	13
3	15
4	16
5	17
6	13 4
7	12 3 7
8	9 2 11
9	12 4 13
10	9 1 14
11	4 3 3 4 4 10
12	2 1 2 3 2 1 1 8
13	4 1 2 3 2 8
14	1 1 2 1 3 3 7
15	3 1 3 2 6
16	3 3 2 3 2 5
17	3 2 2 1 1 3 4
18	5 2 1 2 2 1 4
19	3 6 1 3 1 4
20	2 1 4 2 2 1 4
21	4 2 2 2 2 2 5
22	3 1 1 1 2 6 6
23	2 2 2 2 1 1 1 7
24	1 2 1 2 1 3 1 5
25	2 6 1 1 1 1 5
26	1 4 1 4 3 2
27	1 3 1 2 1 1 1
28	1 4 6 2 1
29	1 5 10 1
30	1 1 5 1 1 3 2 1
31	1 1 7 1 1 3 2 1
32	1 1 8 1 1 2 1 1
33	1 2 1 8 2 2 1 1 1
34	1 2 2 5 1 2 1 2 1
35	1 2 9 1 2 2 1
36	1 2 1 4 1 1 2 1
37	1 2 10 1 2 2 1
38	1 2 2 4 1 7 1
39	1 2 7 2 6 1
40	1 2 1 3 2

C97 사랑이 넘치는 커플이에요

난이도 ★★★★☆

40×40

Column	Clues
1	11 10 8
2	11 7 3 7
3	11 9 2 6
4	11 10 2 5
5	11 12 4
6	11 2 7 3 4
7	11 1 12 1
8	3 2 2 5
9	1 7 2 2 3
10	6 2 3 6
11	7 4 1 5
12	5 1 2 1 5
13	4 2 2 1 5
14	4 2 1 1 5 3
15	4 3 1 1 7 5
16	3 4 1 2 9 5
17	4 2 1 3 10 5
18	4 2 3 11 5
19	4 1 3 1 12 5
20	1 9 1 11 5
21	2 4 2 16
22	4 2 19
23	5 6 5 11 3
24	5 9 2 10 3
25	5 4 1 2 2 9 2
26	4 5 2 5 7 2
27	4 3 3 2 1 4 2
28	4 5 2 1 1 2
29	4 5 1 1 1 1 3 2
30	4 5 2 2 1 2 2 2
31	5 6 2 2 1 2 3
32	5 8 5 1 1 3
33	6 6 5 8 2 3
34	7 7 3 4 1 7
35	8 3 6 2 2
36	12 10 1 6
37	12 6 1 2 6
38	12 4 2 7
39	12 4 2 8
40	12 6 9

Row	Clues
1	9 7 21
2	8 10 20
3	8 11 19
4	7 7 4 19
5	7 4 3 3 10
6	7 3 2 5 8
7	7 6 5 8 7
8	7 1 1 2 2 2 10 6
9	7 1 1 1 4 7 5
10	7 2 2 1 4 7 5
11	7 2 4 2 2 4 5
12	2 2 1 4 6 5
13	3 2 2 1 1 3
14	2 6 2 1 1 1
15	3 5 1 3 2
16	6 2 2 2 2 3
17	3 5 2 2 5
18	3 2 5 4
19	5 5 4
20	5 2 2 2 2
21	7 2 6 2
22	7 1 4
23	7 4 1 6
24	7 6 4 7
25	7 13 8
26	1 3 1 14 5 2
27	1 1 1 14 1 2 1
28	1 3 14 1 2 1
29	1 2 14 4 2 1
30	2 2 12 2 3 2
31	1 1 11 1 1 2
32	2 2 9 2 2 1
33	1 2 2 7 2 3 2
34	2 2 1 5 5 3
35	3 1 1 2 2 5
36	5 1 13 1 5
37	6 1 13 1 5
38	4 1 17 4 5
39	4 1 6 7 12 5
40	4 8 7 12 5

C98 물살을 헤치며 시원하게 달려요

난이도 ★★★★☆

40×40

Column clues (top to bottom)

Column	Clues
1	7 5 2 2
2	3 3 3 1 2 2 2
3	2 4 2 2 4 2
4	2 2 2 5 3 2
5	1 4 2 3 2 3 2
6	1 2 2 1 1 1 3 2
7	2 2 3 2 2 4
8	1 1 5 2 1 1 4
9	2 2 3 1 1 2 3
10	6 10 2 3 3
11	7 3 3 3 5 3
12	8 9 4 2 2 2
13	6 2 4 3 2 3 2 2
14	7 3 3 2 2 2 3 2
15	7 5 1 2 1 3 2
16	5 2 6 2 2 2 1 3
17	3 1 1 1 5 1 2 1 1 3
18	3 1 5 5 1 2 2 1 2
19	3 1 6 2 2 1 3 2 2 2
20	3 3 2 1 5 9 2 2
21	3 1 3 6 1 1 5 1 2 2
22	3 1 1 1 5 1 6 1 2 2 2
23	4 3 7 5 4 1 1
24	6 2 1 9 2 1
25	2 2 4 3 2 1
26	1 5 2 2 1
27	2 4 2 2 1 1
28	1 1 1 2 2 1 1
29	2 1 2 1 2 1 1
30	1 2 1 1 2 1 1
31	1 1 2 2 2 1 1
32	3 1 1 2 1 1
33	3 1 1 2 1 1
34	5 1 2 1 1
35	2 2 1 2 1 1
36	2 2 1 2 1 1
37	3 1 2 2 2
38	4 2 1 3
39	5 5
40	6 1

Row clues (left to right)

Row	Clues
1	10
2	13
3	15
4	9 2
5	16
6	6 1 1
7	4 3 3 1
8	5 4 4
9	3 4 1
10	2 3 1
11	3 2 1
12	4 7
13	3 2 4 2
14	2 2 6 3
15	2 2 8 4
16	1 1 2 3 10
17	1 5 3 7 3
18	1 3 1 1 2 1 1 3
19	1 1 1 1 3 1 4
20	2 2 4 7 5
21	3 2 5 3 7
22	4 2 7 2 5 2
23	8 8 2 2
24	2 1 1 6 6
25	1 17 3 2
26	2 16 2 1
27	3 2 4 2 1 2
28	4 3 2 1 2 1
29	5 4 3 5 4 2
30	1 2 4 2 2 9
31	1 2 2 8 1
32	1 3 2 3 8 1
33	2 5 3 16
34	2 7 9 1
35	4 11 1
36	8 8 4
37	11 14 2
38	11 3
39	22 3
40	6 25

C99 수영을 못 하면 꼭 필요해요

난이도 ★★★★★

40×40

열	1	2	3	4	5	6	7	8	9	10	11	12	13	14	15	16	17	18	19	20
힌트	1 9 3	1 3 7 3	1 2 9 3	3 12 2	3 8 2 2	4 7 1 2	5 4 1 2	1 6 3 2 1	5 9 5 1	6 7 4 4	6 6 2 5 2	5 6 3 2	5 1 4 5 2	7 1 2 8 2	3 6 5 3 2 1	2 5 2 2 4 2 4	7 4 1 8	2 3 1 1 3 11	1 3 3 2 2 11	1 2 3 1 1 2 11

열	21	22	23	24	25	26	27	28	29	30	31	32	33	34	35	36	37	38	39	40
힌트	1 3 2 1 1 11	2 4 3 1 1 2 8	2 4 1 1 2 1 5	1 3 3 2 2 1	1 2 3 2 3 2 1	1 3 4 6 1	12 9 4 2	7 1 2 3 6 1 1	5 1 2 3 9 2 1	6 1 1 18 1	7 1 2 5 11 2	6 1 1 6 11 2	2 1 1 5 9 2	1 1 6 8 3	3 6 5 3	9 1 3	7 2 4	8 3 4	1 7 3 5	1 11 6

행	힌트
1	8
2	4 2 2
3	4 1 3
4	6 1 2 6
5	6 16
6	6 17
7	11 4 8
8	10 2 4
9	3 3 3 3 2 2
10	2 2 2 2
11	1 2 2 1
12	5 1 5
13	4 1 4 2 4
14	7 1 2 2 2
15	14 3 6
16	17 6 2 3 5
17	10 1 2 2 3 5
18	9 1 1 1 2 8
19	2 3 2 2 2 1 10
20	1 1 1 2 2 2 11
21	2 2 1 4 14
22	1 1 3 14
23	1 2 2 1 4 3
24	1 4 3 2 1 2
25	1 5 3 1 2 1
26	7 3 1 3 1
27	6 4 9 1
28	6 2 4 12 1
29	6 1 9 9 2
30	5 1 4 8 1
31	4 2 4 8 2
32	3 1 6 7 1
33	2 1 1 6 7 2
34	1 1 1 6 8
35	2 3 7 6 1
36	6 8 5 2
37	4 8 4 4
38	3 5 8 3 7
39	7 16 10
40	9 13

C100 배탈이 날 수 있어요

난이도 ★★★☆☆

45×45

Column clues (top to bottom):

Column	Clues
1	14 4
2	14 9 1
3	14 7 3 1
4	4 4 5 1 2
5	2 6 2 3 1 1 1
6	1 10 2 1 2 2
7	12 3 1 2 3
8	8 1 2 2 2 1 4
9	11 3 3 3 8 1 5
10	8 6 10 3 5
11	5 1 1 6 3 6
12	5 1 2 1 5 4 7
13	5 1 2 2 1 5 9
14	4 1 1 2 1 3 4 3
15	4 3 1 2 2 3 2 2
16	4 4 1 1 2 9 1 1
17	5 3 2 7 2 1 4 1 1
18	5 1 2 5 3 5 1 1 1
19	4 1 1 7 2 2 4 1 1 1
20	12 4 1 1 1 1 1 1
21	6 2 2 2 1 4 1 1
22	3 1 3 8 1 1
23	1 1 4 2 2 3 2 2 2
24	2 2 1 4 6 1 3 3
25	2 1 1 2 2 1 7
26	3 1 1 1 3 1 7
27	2 2 2 2 3 1 7
28	2 1 2 4 3 1 7
29	1 1 2 2 7 1 3 2 2
30	2 2 5 1 4 1 1 2 2
31	1 2 2 7 1 1 1
32	4 2 3 7 1 1 1
33	7 3 2 1 1 1
34	2 3 1 1 1 1 1 1
35	2 2 1 1 1 1 1 1
36	2 1 2 1 1 1 1 1
37	2 2 2 1 1 1 1 1
38	2 3 4 1 1 1 1
39	2 6 2 1 1 1 1
40	2 3 1 1 3 1 2
41	2 2 2 1 1 1 2 2
42	3 1 3 8
43	4 2 1 9
44	8 10
45	17

Row clues (left to right):

Row	Clues
1	6 10
2	5 14
3	4 15
4	4 16
5	3 9 5
6	3 6 2
7	3 10 4
8	3 6 2 3
9	3 5 4 5 2 3
10	3 3 1 2 2 1 2 1
11	4 2 1 2 1 3 1
12	4 2 2 1 5 3
13	5 3 5 2 5
14	5 1 5 1
15	2 2
16	15
17	4 6 4
18	7 4 2 2
19	3 12 4 2
20	4 6 1 3 2
21	2 2 4 1 3 2 1 10
22	1 1 2 3 1 1 11
23	1 2 1 1 1 1 1
24	1 1 2 3 2 1 2
25	2 1 5 5 3 3 1
26	1 1 4 2 2 5 5 2
27	1 1 5 2 17
28	1 1 2 2 2 1 1
29	1 1 2 1 1 1 2
30	1 2 7 1 4 6 3
31	2 2 1 1 15 5
32	1 3 1 12 2 1 2
33	1 1 1 1 3 17
34	1 1 2 2 3 3 1
35	1 1 1 2 2 6 2 1
36	2 2 1 3 2 3 2
37	9 12 13 3
38	2 1 4 2 1 1 4
39	2 4 3 22
40	1 2 5 6 4
41	1 3 5 9 6 5
42	4 6 21
43	8 5 4
44	10 8 6
45	41

C101 먹으면 안돼요~

난이도 ★★★☆☆

45×45

Column	Clues (top to bottom)
1	15 2 10
2	7 10 6 4
3	18 5 2
4	18 11 2
5	12 3 4 4 2
6	17 1 1 4 2
7	7 8 7 4 3
8	16 1 4 3 3
9	2 12 6 2 3
10	14 3 1 11 4
11	10 3 1 5 13 3
12	14 1 1 4 4 5
13	4 5 3 1 1 2 1 11
14	2 5 1 1 11 8
15	1 13 1 1 12
16	8 2 3 1 12
17	6 1 2 1 2 1 1 5
18	6 5 4 4 5
19	7 1 1 1 12
20	7 1 12
21	6 1 2 8
22	7 1 2 4 1 22
23	6 1 2 3 1 22
24	7 1 2 2 2 1 5
25	7 1 1 1 1 5
26	7 1 1 2 2 5
27	8 2 1 4
28	9 2 2 3 5
29	12 4 3 5 1 1
30	10 6 6 1 1
31	1 8 2 1 7 1 1
32	2 12 4 9 1 1
33	3 8 10 5
34	6 3 7 2
35	17 4 5
36	2 7 6 2 12
37	17 1 6
38	17 2 3
39	17 4
40	13 3 2 4
41	7 9 1 1 1
42	17 2 1 1
43	17 3 1 1
44	17 10
45	2 12 1 9

Row	Clues (left to right)
1	4 10 10 15
2	14 15 14
3	8 4 17 3 8
4	13 18 12
5	12 19 12
6	12 19 12
7	12 4 2 1 10 11
8	1 4 5 3 7 6 4
9	12 4 5 6 11
10	13 1 1 6 11
11	10 2 4 4 2 2 1 9
12	13 4 3 1 1 2 11
13	13 1 1 1 2 11
14	4 8 1 2 2 5 5
15	9 2 1 2 12
16	7 4 1 7 3 11
17	6 2 6 3 2 12
18	4 7 6 5
19	3 1 1 2 3 2 1 1
20	2 1 1 7 2 2 2 2
21	2 1 4 4 3 2 3
22	6 14 2 4
23	1 2 1 3 4 3 7
24	1 2 13 4 3
25	2 1 4 5 4 4
26	2 5 5 4 1 2
27	3 3 3 6 4 2 1
28	14 8 4 1 2
29	11 7 5 5 2 1
30	1 5 2 6 6 4 1 1
31	1 2 2 6 11 1 1
32	1 2 5 2 7 1 5
33	2 2 3 2 5 1 1 1
34	2 2 2 2 1 1
35	1 2 1 2 6 1 5
36	1 2 1 2 1 1 1 1
37	1 2 1 2 1 1 1 2
38	1 4 2 1 1 1 1
39	1 4 2 6 1 1
40	1 3 2 1 1
41	2 5 2 2 1
42	2 6 2 2 1
43	1 5 2 2 2 1
44	9 2 2 3 1
45	6 2 2 3 1

C102 타이밍이 중요해요

난이도 ★★★☆☆ (3½)

45×45

열	힌트
1	5 10 7
2	11 16 3
3	3 9 16 2 2
4	2 10 12 1 2 2
5	1 11 3 10 5 1
6	5 7 2 3 4 2 5 1
7	9 3 3 1 5 1
8	2 11 1 7 1 4 1
9	13 2 2 1 1 5 4 1
10	9 1 2 2 1 2 4 2 4 1
11	7 1 1 2 1 2 1 2 1 4 1
12	4 3 2 3 2 2 3 1 4 1
13	3 3 4 2 2 2 1 4 1
14	3 1 2 1 2 3 2 2 1 4 1
15	2 2 1 2 2 1 2 1 3 1
16	3 11 1 4 2 4
17	7 9 5 1 1 4
18	3 13 1 2 4
19	9 1 3 4
20	6 3 2 4 4
21	6 2 5 4
22	6 6 4
23	5 6 6 4
24	5 3 5 4 4
25	2 2 2 5 4
26	1 2 2 5 3 4
27	3 2 1 1 1 4 10
28	7 5 1 2 9 3 4
29	1 2 19 4
30	7 13 7
31	4 2 13 8
32	3 1 1 2 7 4 7
33	3 3 1 5 2 3 4
34	3 1 2 1 4 2 1 3 6
35	3 1 1 1 3 2 2 3 7
36	4 2 3 4 1 3 7
37	5 4 1 2 3 4 6
38	7 1 5 2 1 2 2 4
39	6 2 4 6 1 5 4
40	5 6 4 1 5 4
41	4 3 6 4
42	4 1 2 4
43	5 1 2 6
44	4 7 7
45	2 7 7

행	힌트
1	3 2 3
2	2 1 4 2 1 6
3	2 1 5 1 2 8
4	2 1 5 1 1 10 3
5	2 2 4 5 2 5 4
6	5 7 6 3 2 8
7	5 9 1 1 1 1 7
8	5 7 3 1 1 1 4 7
9	5 3 3 1 4 2 5
10	5 5 2 2 2 3 2
11	5 2 1 1 1 1 8
12	8 2 1 2 1 2
13	8 3 2 2 2 2 1
14	8 2 1 3 1 1
15	6 8 1 2 1
16	3 6 1 1 1
17	5 8 2 2 2
18	20 1 1 1
19	2 18 1 2
20	6 11 1 2 3
21	1 6 11 2 1 1 2
22	4 8 8 1 4
23	6 7 7 5
24	1 3 2 4 9 1
25	3 1 3 1 2 4 1 1
26	5 1 9 5 1 1
27	5 3 2 6 2 2
28	5 2 1 8 2
29	7 1 1 5 1
30	7 2 2 5 10
31	6 1 1 3 5 1 2
32	6 2 9 5 1 2
33	5 2 3 3 6 2 2
34	5 1 1 4 11 5
35	6 1 5 13 3
36	3 5 5 3 1 6 2 2
37	2 7 3 2 3 4
38	2 2 3 1 3
39	7 3 3 2 2 2
40	2 10 1 3 4 3
41	1 19 1 3 4 3
42	1 43
43	2 41
44	4 30
45	15 24

C103 꽈당!

난이도 ★★★☆☆

45×45

Column clues (top to bottom, left to right):

Column	Clue
1	17 4 3 6
2	18 6 2 7
3	13 4 7 1 8
4	14 4 7 10
5	14 3 8 2 6
6	15 3 1 6 1 4
7	15 2 2 4 1 3
8	8 5 1 1 1 1 3
9	7 1 3 2 2 1 2
10	7 3 1 1 3 2
11	8 6 2 2 5 2
12	9 2 3 1 1 2 4 3
13	11 4 1 1 2 6
14	10 3 1 1 2 2
15	10 3 1 3 2
16	8 2 3 1 3 3 1
17	8 2 3 2 3 2 2
18	7 3 2 3 1 2 3
19	4 5 7 1 1 4
20	2 8 8 1 2 5
21	1 11 6 2 1 2 3
22	12 6 2 2 1
23	4 9 2 2
24	6 1 6 2 2
25	4 4 3 1 2 5
26	4 2 3 3 3 2 4
27	3 1 1 1 1 2 2 2 2 4
28	3 3 1 2 2 2 2 3
29	4 2 1 2 2 2 2 2
30	4 1 1 1 1 2 1 2 1
31	4 1 2 2 2 3 2 2 2
32	4 1 3 1 1 2 5 4
33	6 1 5 2 3 5
34	6 2 7 3 5
35	9 4 4 4
36	8 5 8 4
37	1 14 2 2 1 1 3
38	2 15 3 4 2 3
39	3 10 3 4 3 3 2
40	4 6 5 1 3 4 2
41	7 7 1 4 4 2
42	18 3 1 3 7
43	18 3 1 3 7
44	17 10 4 7
45	17 7 8 7

Row clues (left to right, top to bottom):

Row	Clue
1	21 10 9
2	20 15 8
3	19 17 7
4	19 6 10 6
5	18 5 7 5
6	18 3 2 10 5
7	18 3 2 6 5
8	8 7 4 4 4 6 4
9	7 4 5 1 2 6 4
10	7 10 1 2 4 4
11	8 2 7 3 1 4 4
12	9 2 5 1 2 6 4
13	8 1 4 4 8 4
14	2 8 3 9 5
15	3 8 9 6 6
16	4 7 5 2 10
17	5 7 4 2 4 8
18	5 7 4 5 1 7
19	4 8 2 2 2 2
20	3 5 2 1 2 1
21	5 6 2 1 1 2
22	3 6 1 1 4
23	2 3 3 2 1 3
24	7 2 2 2 3
25	5 1 2 3 2
26	6 2 2 2 1 2
27	6 2 2 1 2 1
28	6 7 3 1 1 1 1
29	5 3 7 6 2 6
30	6 4 3 1 2 2
31	3 2 6 1 1
32	2 3 4 1
33	3 2 2 6 1
34	2 2 1 7
35	1 7 2 5
36	2 3 5 2 3
37	1 2 13 2
38	2 2 2 5 4
39	3 2 2 8
40	5 1 1 2 7
41	5 1 2 1 1 4 6
42	6 3 2 3 5 5
43	8 3 4 4 7 4
44	12 5 5 13
45	12 7 6 13

C104 나랑 결혼해 줄래?

난이도 ★★★☆☆ (3.5)

45×45

Column clues (top to bottom):

Column	Clues
1	34 6
2	34 7
3	8 22 5
4	5 18 6
5	4 16 1 1
6	3 15 1 1
7	3 14 2 1
8	2 16 1 2
9	2 6 9 1 2 1 1
10	2 8 3 1 4 1
11	2 5 4 1 2 1
12	2 5 2 1 1
13	2 6 2 4 1 1
14	2 4 2 2 1 2
15	2 3 3 2 1 8
16	3 2 1 3 2 4 3
17	3 3 2 2 6 1
18	4 6 1 6 1
19	4 2 6 8
20	5 2 6 3
21	6 2 2 4 3
22	6 3 2 4 3
23	5 2 4 13
24	4 3 2 5 3
25	4 4 1 6 2
26	3 2 2 7
27	3 3 1 8
28	2 4 9
29	2 2 1 9
30	1 2 1 10
31	2 2 1 1 11
32	5 2 1 2 4 3
33	3 2 2 2 2 4 2
34	4 1 6 1 10 1
35	5 5 2 15 2
36	8 2 1 13 11
37	11 4 14 2
38	11 1 1 16 3
39	11 2 2 12 9
40	11 3 12 3
41	1 11 1 12 3
42	3 38
43	7 6 11
44	9 7 9
45	24 5

Row clues (left to right):

Row	Clues
1	29 8 5
2	40 4
3	7 12 10 4
4	5 8 1 8 3
5	4 4 1 7 3
6	3 2 1 6 3
7	3 2 6 3
8	3 2 7 2
9	2 3 6 2
10	2 6 1 7 1
11	2 8 9 1
12	2 7 2 2 4 1
13	3 6 2 2 3 1
14	3 5 1 1 1 3 1
15	3 2 1 1 1 1 2 1
16	3 2 1 1 3 1 2
17	4 3 2 4 4 2
18	4 3 2 3 1 1 2
19	5 3 1 2 4 2 1 2
20	6 2 4 2 1 2 3 1 2
21	7 1 3 7 5 1 2
22	10 1 2 2 4 2 8 2
23	9 1 3 2 5 9 1
24	9 1 5 3 10 1
25	9 2 1 4 12
26	9 2 2 14
27	9 2 2 3 11
28	9 3 2 5 12
29	9 5 6 12
30	9 5 6 13
31	8 6 7 13
32	8 7 8 13
33	31 12
34	8 14 1 1 1
35	1 12 2 1 1
36	1 1 11 1 1 1
37	2 2 1 1 2 1
38	2 5 1 1 1 1
39	6 1 1 1 1 1 1 1
40	4 4 1 1 1 1 1 1
41	4 2 1 1 1 1 1 1
42	4 1 1 1 1 1 1 2
43	4 1 6 1 5
44	2 5 2 7 8
45	2 7 7 7 1

C105 추진력을 이용해 빠르게 달려요

난이도 ★★★★☆

45×45

Column clues (left to right, each read top to bottom):

Column	Clues
1	2 4 8 1 1 4 7 1
2	1 2 6 2 1 1 4 7 1
3	2 2 7 3 1 1 3 7 1
4	5 6 1 2 1 1 3 7 1
5	4 6 2 1 1 1 3 7 1
6	4 8 2 2 1 1 2 2 4 1
7	4 8 3 1 1 2 2 4 1
8	1 2 9 1 4 1 1 4 4 1
9	1 7 1 2 5 2 5 1
10	1 2 7 3 5 1 5 1
11	5 8 4 7 1
12	5 8 2 4 1
13	5 6 7 6 1
14	5 9 2 11 5 1
15	4 14 1 1 11 1
16	1 1 8 3 1 1 3 7 1
17	3 6 3 1 1 2 7 1
18	2 6 4 1 1 2 7 1
19	2 6 4 1 1 1 7 1
20	1 7 5 1 7 1
21	1 7 4 1 7 1
22	1 8 4 2 4 1
23	9 4 4 4 1
24	11 8 5 1
25	15 7 6 1
26	14 5 7 5 1
27	17 2 1 4 4 1
28	13 2 2 1 3 3 1
29	11 1 1 1 5 3 1
30	9 1 3 2 3 3 1
31	1 4 1 2 2 1 7 1
32	1 1 4 2 1 7 1
33	1 8 1 1 6 1
34	2 3 2 2 8 2
35	1 3 2 1 3 4 2
36	2 10 3 2 3 4 2
37	1 3 12 3 3 4 2
38	2 6 2 3 1 4 2
39	4 6 1 2 2 5 2
40	16 2 4 6 2
41	1 6 4 2 2 1 7 2
42	12 1 2 2 3 5 2
43	5 7 2 3 8 5 2
44	4 9 1 9 1 5 2
45	5 4 5 1 8 1 5 2

Row clues (top to bottom):

Row	Clues
1	4 3 13 8 9
2	1 5 5 3 8 3 3 4
3	5 8 12 2 7
4	1 13 14 1 7
5	5 4 16 2 4 1
6	2 5 17 1 3
7	1 9 17 1 4 1
8	29 1 6
9	30 1 1 4
10	17 8 2 6
11	16 6 1 6
12	16 5 2 7
13	3 3 5 4 2 3 3
14	1 2 2 2 3 2 2 2
15	1 3 1 2 1 4 3 3 3
16	2 2 1 3 5 3 7
17	2 1 2 2 2 6
18	1 2 3 2 1 2 2
19	2 8 1 1 2 2
20	3 5 1 3 2 2
21	4 1 2 3 2 3
22	1 1 1 2 3 3
23	2 1 2 2 4 2
24	1 1 2 1 4 5
25	1 2 1 1 3 2
26	2 1 2 2 3 3
27	1 1 1 3 2 2
28	9 7 5 2 2
29	1 1 2 1 3 2 3
30	10 8 9 6
31	1 1 1 1 3 1 4
32	2 1 1 2 2 2 2 3
33	5 1 3 1 1 3 3
34	10 5 2 4 2 3
35	9 10 10 2
36	1 1 1 2 3 5
37	8 2 9 7 2
38	7 1 1 8 1 6 7
39	5 3 9 3 16
40	27 15
41	45
42	45
43	32
44	12
45	45

C106 손으로 상대가 말하는 것을 느껴요

난이도 ★★★★☆

45×45

열	힌트
1	8
2	15
3	13 2
4	3 14 6
5	5 4 6 13
6	5 2 1 15
7	8 2 21
8	9 2 9 1
9	10 1 5 1 12
10	12 2 20
11	9 3 21
12	6 1 1 14
13	8 5 6 8
14	6 10 10 1
15	4 1 1 6 1 12
16	3 2 4 1 1 2 1 9
17	3 3 3 1 1 3 6
18	5 2 2 1 3 5 1
19	2 2 1 8 4 1
20	2 9 4 1
21	2 11 3 1
22	5 2 3 1
23	11 2 5 1
24	10 3 8 1
25	9 11 1 3
26	4 29
27	3 1 27
28	14 25
29	1 12 1 6
30	3 3 4 3
31	2 3 17
32	4 3 5 7
33	8 4 3 2 7
34	11 5 1 2 5
35	5 4 1 4 5
36	4 2 4 2 5 6
37	4 3 1 2 1 2 4
38	3 3 1 4 1 4
39	3 2 1 2 3 1 6
40	5 1 2 3 1 3 4
41	10 7 2 1 5
42	10 3 1 3 7
43	11 2 5
44	5 2 7 5
45	9 10

행	힌트
1	9
2	14
3	15
4	12 1 6
5	11 1 5 2
6	10 1 1 9
7	5 1 1 1 4 2 6
8	5 1 2 3 2 9
9	5 2 3 2 11
10	3 1 1 3 2 5 4
11	2 2 2 3 2 3 5
12	4 3 2 3 2 3 1 1 4
13	2 4 1 4 2 3 1 1 4
14	2 2 2 3 2 3 2 4
15	1 2 2 3 2 4 2 5
16	1 7 4 2 7 3
17	1 2 3 1 6 3 4
18	1 1 2 3 2 1 7 2 2
19	2 1 2 5 9 4 4
20	1 1 9 5 2 1 1
21	1 1 2 3 7 2 2 1
22	1 2 1 3 8 1 1 1
23	2 1 2 3 8 1 1 1
24	4 1 6 8 1 1 1
25	3 5 13 2 1 1
26	3 2 4 2 1 6 2 2 1
27	3 2 2 2 1 2 5 6 3 2
28	4 2 2 6 1 4 3 2 2 1
29	3 3 2 2 4 4 6 3 1
30	3 3 2 2 3 3 7 4 2
31	3 3 2 2 3 3 1 2 1 4
32	3 3 3 2 3 3 1 4 1 1
33	2 4 3 2 3 1 1 3 2
34	3 3 4 2 3 1 2 1 1
35	3 3 4 3 3 1 4 1
36	3 3 4 3 3 1 1
37	3 3 5 2 3 1 1
38	2 4 5 3 3 1 2
39	2 4 5 3 3 5 5
40	2 4 5 14 15
41	2 4 5 3 3 15
42	6 5 3 3 15
43	5 9 4 13
44	1 7 3 2 1 1 1
45	1 1 1 3 2 1 1 1

C107 석탄을 열심히 캐고 있어요

난이도 ★★★★☆

45×45

열	단서
1	6 26
2	6 26
3	6 26
4	6 2 15
5	5 5 9 9
6	4 2 2 4 6 2
7	5 2 5 2 9
8	8 3 2 3 2 1 3
9	3 6 1 2 5 2 1 3
10	3 5 3 1 5 2 1 3
11	3 2 1 1 2 1 5 1 1 3
12	2 1 4 1 1 1 5 2 11
13	1 3 2 2 7 2 3 3
14	1 6 8 2 1 2
15	12 3 1
16	4 5 1 1 1
17	5 4 1 1 9
18	1 2 4 1 2 1 4 2
19	1 1 3 2 1 1 7
20	2 6 2 1 1 5 1
21	5 1 3 2 1 5 1
22	2 4 8 1 3 1
23	1 2 1 3 4 3 1
24	8 6 1 1
25	4 3 5 1 1
26	15 3 1 2 1
27	14 3 1 1 2 1 2
28	4 1 1 2 1 5 4
29	2 11 1 1 2 2 3
30	1 15 1 2 5 3
31	16 6 4
32	17 6 1 1 2
33	6 2 3 2 1 1 4
34	4 3 2 2 1 1 2 2
35	3 3 2 2 1 3 1 1
36	2 3 1 1 1 5 1 1
37	2 3 2 2 2 2 2 2 1 1
38	2 4 3 7 5 1 1
39	2 3 4 5 4 1 2
40	2 4 3 4 2 3 2
41	3 3 4 6 5 7
42	3 4 7 9 8
43	3 5 1 4 9 9
44	4 2 5 1 5 8 10
45	13 9 11

행	단서
1	5 2 9
2	5 2 12
3	5 1 5 4
4	5 1 5 2
5	5 2 4 1
6	7 1 4 2
7	8 1 4 1
8	4 5 2 4 1
9	3 7 2 4 2 2
10	4 2 2 4 2 4 4 3
11	3 2 12 2 4 8 1
12	2 1 4 2 2 4 5 6
13	2 1 8 1 2 8 6
14	1 1 3 6 3 2 7 4
15	1 4 2 2 8 2 4 2
16	3 1 1 1 2 1 2 4 3 2
17	1 2 2 3 1 2 4 2 3 1
18	3 7 13 8
19	21 1 4
20	4 1 6 1 4 2 3 5
21	4 1 9 2 5 1 2 2 4
22	3 2 7 4 2 4 1 3
23	3 1 7 2 6 3 5
24	3 1 7 2 4 2 6 2
25	3 1 11 4 3 4 2
26	3 1 1 9 5 1
27	3 1 5 2 15
28	3 1 3 4 1 5
29	3 1 6 2 1 4
30	3 6 1 2 4
31	4 2 1 1 5
32	4 1 1 1 4
33	4 1 5 1 1 3 4
34	4 1 1 1 1 7 3 4
35	4 2 2 1 1 2 14 1
36	4 1 1 7 4 2 3 2
37	5 1 1 1 1 4 5 3
38	5 1 1 1 1 4 4
39	5 1 1 7 5
40	5 6 5 6
41	5 1 1 10 12
42	5 1 1 6 3 2 6
43	5 7 5 3 2 5
44	6 7 2 4 3 7
45	6 7 13 13

C108 다 같이 놀러 가요

난이도 ★★★★★

45×45

세로	단서
1	7 6 3 3
2	7 21
3	2 6 8 1 1 4
4	6 10 1 1 1 2
5	1 1 1 1 1 1 2
6	3 1 1 1 1 1 1 2
7	3 5 2 1 1 1 1 1 2
8	5 4 3 1 1 1 1 1 2
9	4 2 2 3 2 1 1 1 1 1 2
10	4 1 2 3 1 1 1 1 1 1 2
11	1 1 1 2 1 1 1 1 1 1 1 2
12	1 2 2 1 2 7 1 1 1 1 1 2
13	2 3 2 1 10 1 1 1 1 2
14	1 9 1 9 1 1 1 1 1 2
15	7 8 9 1 3 1 1 1 2
16	2 4 2 1 9 1 11
17	2 3 2 12 2 9
18	1 3 1 1 9 1 1 1 1
19	1 4 1 1 1 4 10 1
20	2 2 1 1 2 1 3 1 7 1
21	1 2 1 1 5 3 1 2 4
22	1 2 5 2 2 2 2 1 2
23	2 2 1 1 2 2 2 2 2 2
24	2 2 1 2 1 2 2 2 3 1
25	3 2 2 1 2 2 2 1 1
26	10 2 2 2 2 1 1
27	2 2 2 2 1 3 3 2 6
28	2 1 2 2 2 5 2 6
29	1 2 1 1 2 2 7 2 6
30	1 2 1 1 5 1 1 2 6
31	2 3 5 9 5 5
32	1 13 2 2 5 2 7
33	1 1 13 3 4 2 5
34	1 1 6 2 1 2 1 6 10
35	1 2 2 1 1 4 1 2 2
36	3 4 6 3 2 2
37	1 5 3 4 3
38	2 7 1 1 2
39	13 1 1 1 1 2
40	8 1 2 2 2 2 4
41	12 8 5
42	7 4 10
43	4 8
44	12
45	8

가로	단서
1	2 6 1
2	3 2 4 1 1
3	3 3 2 2 2 1
4	7 1 4 5 4 1
5	2 3 4 2 4 1
6	3 1 8 1
7	4 1 4 4 1
8	4 5 2 3 2
9	2 3 3 3 1
10	3 3 3 3 1
11	3 1 5 1 2 3 1
12	2 2 6 3 2 4 1
13	4 10 8 1
14	2 3 6 1 1 7 3 1
15	3 5 2 1 2 5 1 2 1
16	10 11 5 2 1 1
17	2 1 4 3 2 5 1 1
18	2 1 4 2 1 3
19	2 1 6 4 2 2 1 1 2
20	4 1 4 3 1 2 1 1 1
21	2 1 2 6 1 1 1
22	1 8 1 3 1 1 1
23	1 7 7 1 1 3 2 1
24	3 7 9 2 1 2 1
25	4 7 10 2 2
26	2 1 7 2 6 4
27	2 1 8 3 6 4
28	2 1 20 4 1 1
29	4 3 16 1 2 1
30	7 9 4 4
31	3 6 9
32	3 5 9 2 4
33	3 16 2 2 4
34	14 1 4 1 1 2
35	3 2 1 1 2 3 3
36	21 1 1 2 4
37	2 2 5 1 1 1 2 4
38	16 2 2 1 1 1 4
39	1 2 2 1 4 5
40	16 2 14 7
41	1 6 8 2 5
42	17 4 8 8
43	3 2 3 7 5
44	21 10 1
45	14 4 1

D109 엄지손가락으로 연주해서 엄지 피아노라고도 불려요

난이도 ★★★★☆

40×50

세로 힌트 (열 1–40, 위에서 아래로)

열	힌트
1	4 9 5 12
2	14 4 4 8
3	8 4 4 6
4	8 8 6 4
5	6 2 4 2 3 2
6	5 2 2 2 2 2
7	5 2 2 2 2
8	11 1 1
9	15 1 2 2
10	1 3 8 5 3 2
11	2 4 2 4 2 2 2 1
12	9 1 3 4 2 3 2 2
13	7 2 4 3 3 1 5 1 2
14	5 2 2 3 4 1 7 1 1
15	2 1 4 2 3 3 2 1 7 1 2
16	1 4 1 4 3 5 7 1 2
17	2 1 3 1 4 3 1 1 5 1 1
18	2 4 2 4 3 2 2 3 2 1
19	2 2 2 2 5 4 2 1 2
20	2 1 4 4 5 4 2
21	3 4 1 2 4 2 1
22	3 1 4 2 3 3 1
23	2 4 2 4 7 5
24	3 1 3 3 3 2 14
25	4 5 1 5 3 5 3
26	4 1 2 2 6 4
27	4 1 5 2 5 5
28	3 3 1 6 3
29	5 1 3 2 5
30	5 4 2 2 5 2 5
31	5 1 2 7 5 2
32	6 12 4 2
33	2 3 1 4 5 3
34	6 1 5 3 2
35	3 1 3 3 5 1
36	3 2 4 4 3
37	3 3 4 2 2
38	9 13 3
39	3 3 19 5
40	5 10 7 8

가로 힌트 (행 1–50, 왼쪽에서 오른쪽으로)

행	힌트
1	3 3 13 4 8
2	7 1 5 20 2
3	7 2 3 12 3 2
4	7 2 5 10 2
5	6 2 3 6 6 2
6	5 1 3 1 2 5 7
7	4 5 2 1 1 1 4 5
8	5 5 1 2 2 1 1 5 3
9	2 12 1 1 2 1 2 1 4 3
10	2 5 8 1 2 1 1 1 1 1 1
11	2 4 7 1 2 1 2 1 1
12	2 2 9 6 1 1 1 1
13	2 3 3 7 7 1 2
14	2 3 3 1 1 7 5 1 1
15	2 2 2 2 1 9 3 1 1
16	2 2 1 1 2 1 11 1 1
17	4 2 2 2 1 2 2 1 6 1 2
18	11 1 1 1 1 1 2 2 1 2
19	6 2 2 2 1 2 2 2 2 2 2
20	2 2 1 1 1 1 1 2 2 1 3
21	1 1 2 2 2 1 2 2 2 2 3
22	4 1 1 1 1 2 3 1 3
23	3 5 2 1 1 1 2 1 4
24	2 3 1 1 1 2 3 1 3
25	2 2 2 2 2 5 2 4
26	2 3 12 1 5
27	2 2 7 1 3 1 3
28	1 4 1 2 5
29	1 3 2 1 6
30	1 2 2 1 1 1 3
31	2 2 3 2 1 1 1 3
32	1 1 5 1 1 1 1 2
33	1 1 7 1 1 1 2 1
34	2 1 7 1 1 1 2 1
35	1 1 7 1 1 1 1 1
36	1 1 5 1 1 4 1
37	2 2 3 2 2 2 1
38	1 2 2 1 1
39	1 3 1 1
40	1 1 1
41	2 1 1
42	3 1 2
43	7 1 2
44	10 1 1
45	4 5 2 2
46	4 5 2 2
47	3 6 2 2
48	2 7 2
49	3 1
50	2 2

D110 춤출 때 손으로 쳐서 박자를 맞춰요

난이도 ★★★★★

40×50

Column	Clues
1	1 4 4
2	2 3 2 4 1
3	2 3 2 1 2 2 3
4	2 2 2 2 2 7
5	2 2 4 1 2 4 5
6	2 2 9 1 2 1 1 6
7	1 2 2 12 3 2 1 6
8	1 2 11 10 3 1 6
9	2 10 7 4 1 6
10	3 15 10 9 2
11	3 8 18 2 2 2 4
12	3 5 8 4 8 5 5
13	1 2 20 3 10 6
14	2 1 2 9 2 1 3 7
15	2 1 9 1 2 1 15
16	2 1 5 2 3 2 2 8
17	2 1 6 3 1 2 6
18	2 1 2 3 1 1 2 1 5
19	1 1 6 2 1 3 5
20	1 2 4 3 8 4
21	1 5 2 3 11 4
22	3 5 3 3 9 4
23	2 4 2 3 11 4
24	1 2 10 10 5
25	2 6 11 5
26	5 4 11 6
27	1 1 7 11 6
28	1 1 7 12 14
29	1 7 2 11 8
30	1 2 2 3 2 6 6
31	2 1 7 1 2 3 3
32	2 1 6 1 1 1 1
33	3 2 7 1 2
34	1 3 3 6 3
35	2 2 11 4 1 1
36	4 7 2
37	2 9 2
38	4 2 10
39	7 2
40	10

Row	Clues
1	8 2 8 3 7
2	5 4 5 2 1 3
3	1 7 3 7 3
4	8 9 3 5 2
5	6 4 2
6	3 7 6 3
7	12 8 2 1
8	4 3 4 4 5 1
9	15 4 2 1 2
10	17 3 3 2 1
11	8 3 4 2 3 1 1
12	4 4 3 2 1 1
13	9 2 1 1
14	9 4 1 1
15	4 3 3 5 1 2
16	1 10 2 2 1 1
17	9 2 2 1 1
18	8 1 1 1 1
19	4 4 2 2 1 1
20	10 4 1 2 1
21	4 3 3 2 2 2 1
22	11 2 2 5 1
23	2 4 3 3 4 3 1 1
24	2 8 4 7 1 2
25	1 7 9 1 2
26	2 5 12 2 2
27	4 2 4 2 11 4 2
28	1 13 13 5
29	2 6 11 5
30	2 5 11 5
31	2 6 18
32	2 4 11 3
33	2 4 17
34	1 3 5 2 2
35	2 2 1 3 1
36	1 3 1 3
37	2 1 1 1 2 2
38	5 2 1 1 1
39	4 1 2 1 1
40	7 2 1 1
41	2 3 1 1
42	2 7 1 1
43	8 1 2 2
44	9 3 2
45	7 5 5
46	6 8 7
47	5 20
48	21
49	22
50	22

D111 밴드에서 없어서는 안 될 악기 중 하나예요

난이도 ★★★★☆

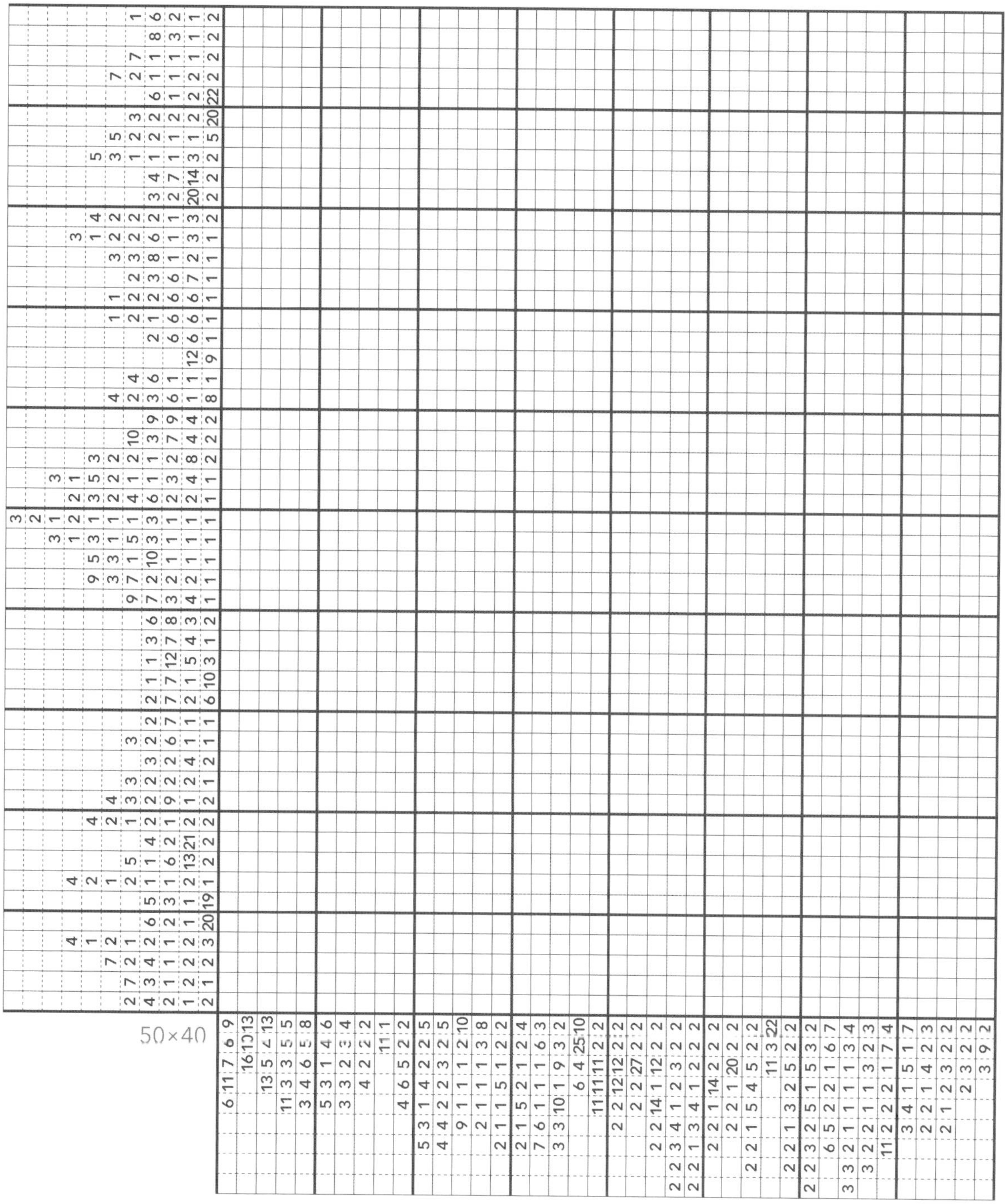

50×40

D112 탱고 음악의 중요한 악기예요

난이도 ★★★★☆

50×40

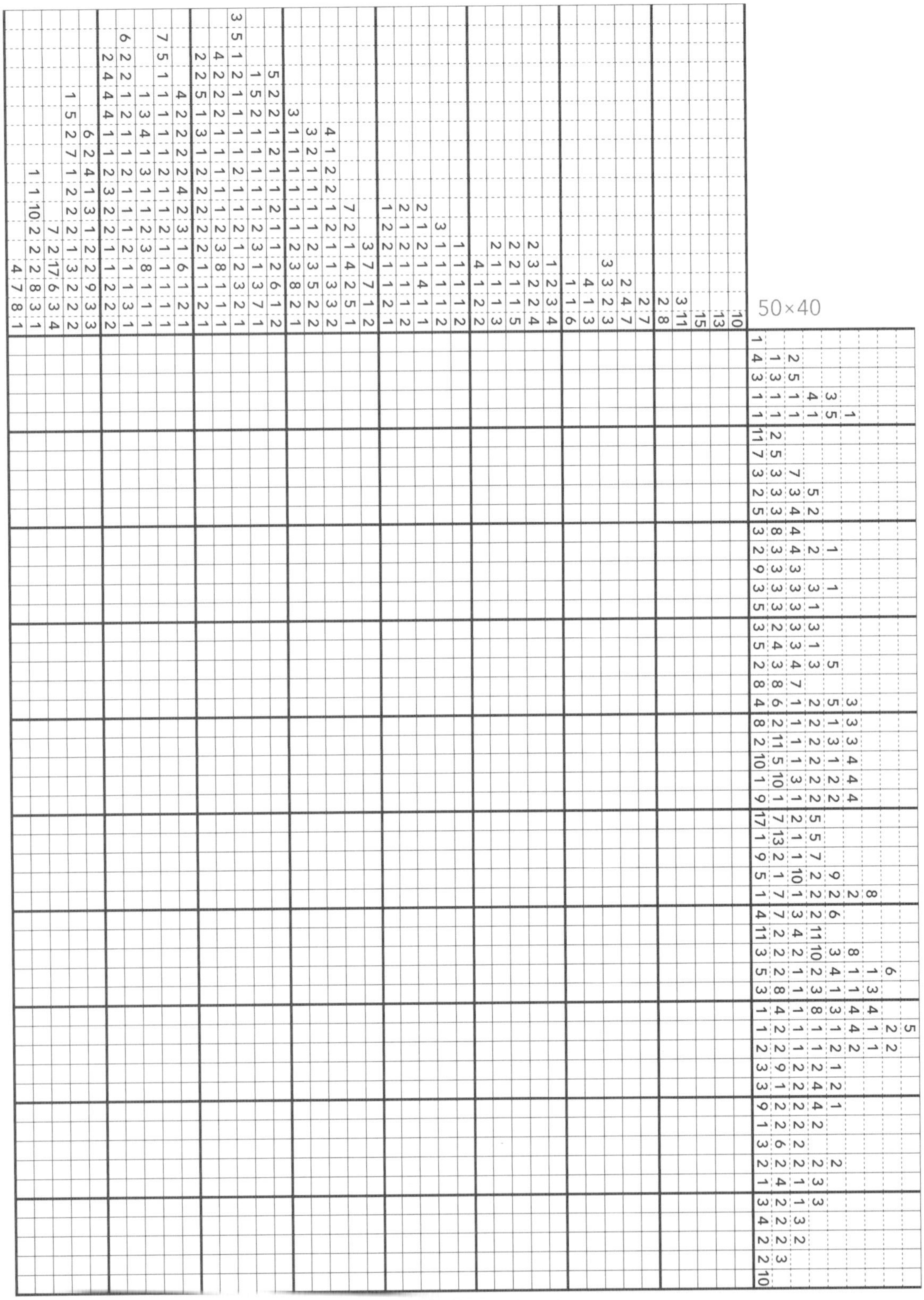

D113 신호 나팔이나 팡파르 악기로 자주 등장해요

난이도 ★★★★☆

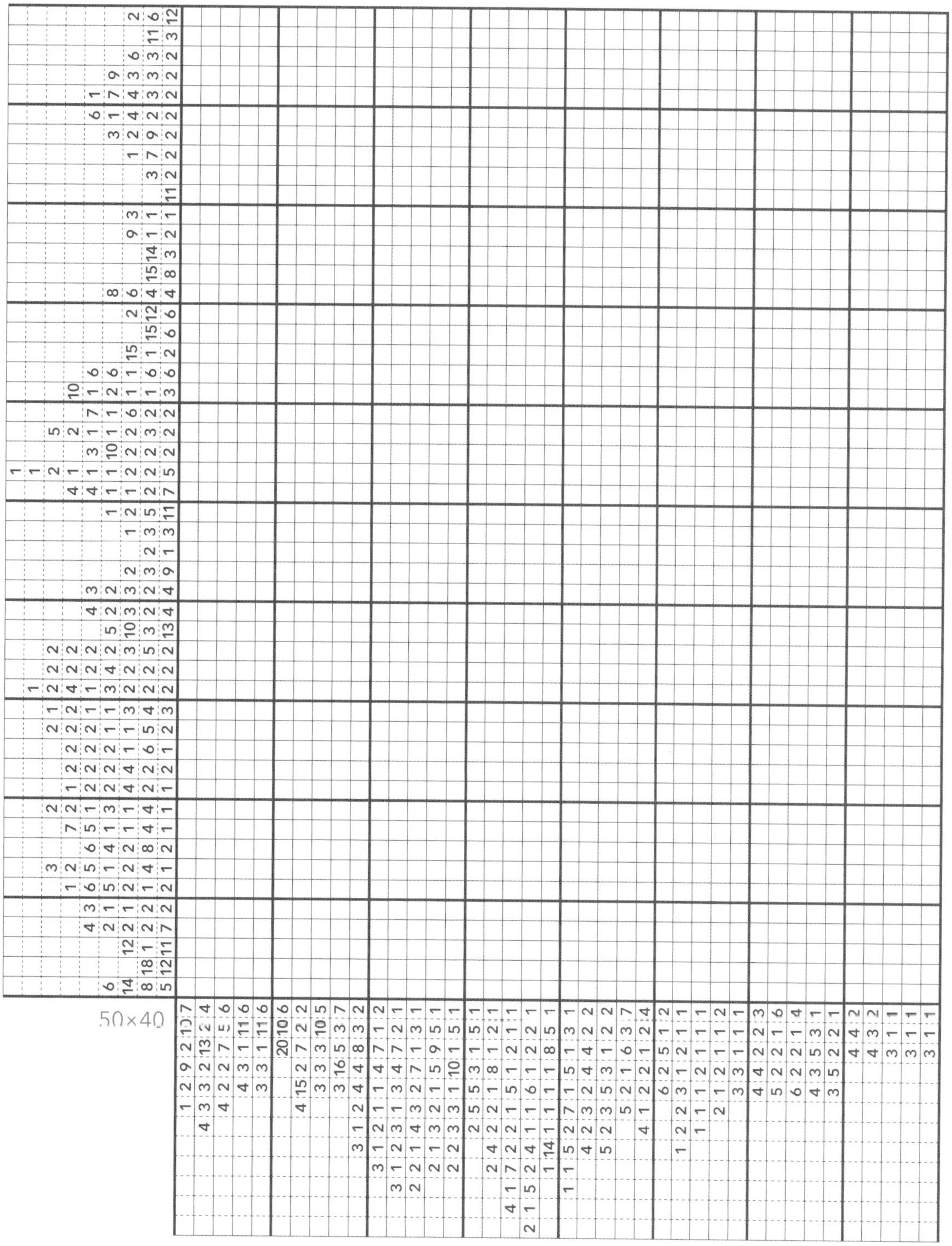

50×40

D114 소리가 꾀꼬리 같아요~

난이도 ★★★★★

50×40

열	열 힌트
1	31 16
2	31 16
3	16 9 16
4	14 5 7 16
5	12 3 3 3 18
6	11 3 3 19
7	9 2 3 20
8	8 3 8 8 2
9	7 2 4 4 3
10	6 2 2 3 3 2
11	5 2 6 3 2 2
12	4 1 4 2 2 2
13	4 2 1 2 3 2 1
14	4 1 2 1 2 6 1
15	1 1 1 3 11 1
16	4 2 1 1 2 15 1
17	1 6 1 1 2 3 5 4 1
18	1 7 1 2 2 3 2 1
19	5 5 1 6 3 1
20	1 3 3 3 1 6 3 1
21	3 3 4 2 5 7 4 2
22	3 3 5 2 1 9 6
23	2 1 1 2 2 1 3 1 6 8
24	4 3 3 1 1 5 1 11
25	2 1 6 5 4
26	1 11 4
27	3 2 2 3 3 8
28	5 2 3 3 4 7
29	2 4 3 2 2 1 3 2 5
30	1 3 1 2 1 1 2 3 1 5
31	1 3 1 1 1 1 1 6 5
32	2 1 2 4 4 6 3 6 3
33	5 1 1 3 2 4 6 3
34	2 4 2 3 8 3
35	3 3 2 11 4
36	1 1 14 3 12 4
37	3 19 15 4
38	2 22 14 5
39	25 13 6
40	30 9 7

행	행 힌트
1	14 4 2 4 1
2	14 1 1 3 2 2 1
3	14 1 1 2 2 2 1 4 1
4	14 2 3 12 2 1
5	11 1 1 1 5 5 2
6	10 5 3 2 2 2
7	9 3 1 1 1 4 3
8	8 2 3 5 3
9	7 2 5 1 1 2 3
10	6 2 2 1 5 3 4
11	6 1 3 1 1 7 4
12	5 2 1 3 2 1 2 4
13	4 2 7 1 3 1 2 4
14	4 1 2 2 2 7 4
15	3 2 1 4 5
16	3 1 2 2 2 2 5
17	2 2 1 2 3 3 5
18	2 1 1 3 2 1 7 5
19	2 1 2 2 1 3 3 5
20	2 1 2 2 2 1 2 2 5
21	2 2 2 1 1 1 3 5
22	2 1 4 3 5
23	3 2 2 1 5
24	4 1 2 5 5
25	4 2 2 4 1 5
26	4 1 1 2 1 2 5
27	5 2 2 2 1 1 5
28	5 3 3 4 5
29	5 3 1 2 1 1 7 2
30	4 3 2 4 14 1
31	3 4 3 4 8 6
32	4 8 4 2 4
33	8 10 2 2 4
34	8 13 4 5
35	7 5 4 2 1 6
36	7 4 3 2 1 6
37	7 3 1 2 2 6
38	8 3 2 1 9
39	8 3 1 1 9
40	8 3 1 2 7
41	9 4 1 2 9
42	9 4 2 13
43	9 3 2 13
44	10 19 1
45	8 2 16 2
46	7 2 13 3
47	7 7 6
48	9 3 9
49	8 3 9
50	13 9

D115 베이스 음역대를 담당하는 길이가 긴 악기예요

난이도 ★★★★☆

50×50

Column clues (left to right, top to bottom)

Column	Clues
1	9
2	5 2 8
3	3 7 15
4	2 12 13
5	3 15 17
6	4 4 10 5 16
7	8 10 3 6 15
8	11 11 7 14
9	13 14 15 3
10	11 1 13 14 2
11	9 2 13 11 1 2
12	6 1 13 4 3 2 3
13	8 2 18 2 7
14	7 3 10 1 6
15	6 2 3 7 5 8
16	4 2 5 5 10
17	3 1 3 8 2 15
18	3 2 3 7 2 10
19	10 1 1 3 11
20	5 1 3 4
21	1 2 3 7
22	2 1 3 15
23	2 1 4 4 13 3
24	2 3 4 1 13 2 2
25	2 3 5 1 18 1
26	2 3 3 20 6 3
27	2 4 1 21 5 4
28	1 3 1 1 6 13 1 2 5
29	3 2 3 3 1 10 2 1 7
30	2 2 5 2 1 7 1 3 8
31	2 7 4 4 1 9
32	2 7 1 4 5 10
33	10 1 4 3 12
34	4 3 2 1 7 2 2 10
35	1 2 3 3 11 3 10
36	2 5 3 6 2 10
37	2 3 1 2 12
38	2 1 2 6
39	2 1 3 2 4
40	2 2 2 3 4
41	2 1 3 1 5
42	2 1 2 4
43	2 4 3
44	2 2 2 2
45	2 3 4
46	2 2 2 3
47	2 3 3
48	2 1 2
49	2 2 3
50	2 4

Row clues (top to bottom)

Row	Clues
1	9 8 4 16
2	13 6 6 15
3	14 1 3
4	11 3 2 3
5	10 2 1 3
6	10 2 2 2
7	6 2 4 1 3
8	5 1 2 9
9	5 1 2 8
10	3 1 1 6
11	3 2 4 3 1 3
12	3 2 5 3 1 1 2
13	2 3 5 3 4 2 2 2 1
14	4 3 3 2 1 3 1 1 2 1
15	6 4 1 3 1 2 1 2
16	8 1 1 2 1 7 1
17	1 5 3 2 4 7 2 4
18	2 9 1 1 4 1 1 2
19	1 10 2 2 3 2 3 3 2
20	1 10 1 1 3 5 2 3
21	1 10 1 4 4 1 3 1 2
22	2 3 6 1 1 1 12 2 1
23	1 4 7 5 5 2 2 2 2
24	1 4 7 3 2 4 1 3 1 2
25	1 5 6 3 7 1 3 2 1
26	1 5 7 2 2 4 4 2
27	1 5 7 2 8 3 3
28	1 3 7 1 1 6 2 1 1
29	1 6 7 10 2 4
30	2 7 6 10 1 2 1
31	2 7 4 11 2 1 2
32	1 12 11 2 4
33	2 8 2 12 1 5
34	3 7 11 4 4
35	4 5 2 7 2 4
36	5 3 1 1 1 5 3 3
37	10 1 1 1 4 2 2 1 1
38	12 1 3 6 2 1 2 1
39	12 1 3 7 2 2 1
40	10 2 3 9 1 1
41	10 4 5 6
42	9 4 3 7
43	11 5 2 8
44	8 2 4 2 9
45	7 6 2 8
46	4 6 1 9
47	4 6 2 10
48	5 6 13
49	13 11
50	13 11

D116 부드럽고 감미로운 음을 내는 악기예요

난이도 ★★★★★

50×50

Column clues (top to bottom)

Column	Clues
1	6 4 12 9 8
2	2 2 15 4 2 3 2
3	2 10 3 1 3 5 2
4	4 2 13 2 1 6 2
5	2 3 1 4 7 2 1 1
6	1 2 14 1 1
7	2 1 10 3 2 1
8	1 2 6 5 2 1
9	4 2 1 3 2 1 2 2 2
10	6 1 2 2 2 2 2 3 1
11	7 2 6 4 1 2 5 2
12	7 2 5 1 2 4 1 2
13	5 1 3 7 7 2 2 3
14	5 2 4 7 6 2 3 3
15	4 14 1 2
16	22 2 2 2 5
17	1 2 17 4 3 1 1 4
18	2 8 8 5 2 2 1 5
19	11 6 1 2 3 2 1 1 5
20	6 7 1 1 2 5 4 1
21	6 10 1 1 3 9 4 3
22	6 4 3 1 2 7 5 5
23	6 4 3 1 8 1 6
24	6 5 11 8
25	17 4 5 13
26	14 3 3 5 1 10
27	12 3 4 7 10
28	10 2 2 7 10
29	9 5 7 11
30	8 8 2 3 11
31	4 3 10 2 3 11
32	7 11 3 11
33	7 12 2 11
34	7 13 3 11
35	2 7 9 1 2 10
36	1 5 8 2 2 10
37	2 2 1 2 3 2 2 10
38	1 2 1 3 3 2 10
39	2 1 2 2 3 2 8
40	2 3 1 1 3 2 2
41	1 3 1 1 2 3 3
42	1 3 4 3 2
43	1 2 2 3 3
44	1 4 4 3 4
45	1 4 1 3 4 3
46	2 2 2 2 4 3
47	1 4 2 3 3
48	1 3 4
49	2 7 6
50	3 23

Row clues (left to right)

Row	Clues
1	1 1 5 2 9
2	2 2 6 4 1 2 4
3	1 1 6 2 6 3 2
4	1 1 6 2 9 1 1 2 1
5	1 2 6 1 14 7 1
6	1 1 3 22 3
7	2 3 2 22 2
8	2 3 7 16 1 3
9	2 3 6 1 6 5 3 4
10	1 3 2 5 3 11 4
11	2 3 2 4 3 12 2 1
12	4 3 1 4 3 13 2 1
13	7 2 2 2 3 5 3 2 1
14	7 1 1 2 2 4 4 1 2
15	9 1 1 6 4 6 2 2
16	9 1 1 11 1 9 7
17	4 4 1 1 14 21
18	8 2 13 1 9 2 3
19	8 1 9 4 7 1 2
20	7 1 12 2 7 2 2
21	7 1 8 10 2 1
22	2 5 12 9 1 1
23	6 9 1 6 2 1
24	8 6 2 5 2 1
25	3 7 1 6 1 3 2 2 1
26	1 7 2 2 6 1 5 2 1
27	3 8 2 2 2 2 3 1
28	1 10 3 3 2 2 1
29	10 3 1 4 1 2 2
30	3 4 2 3 1 3 2
31	4 2 3 4 3 3 3
32	2 1 2 1 13 3 4
33	1 1 3 2 15 3 4
34	2 1 1 3 11 11 5
35	4 3 10 6 1
36	1 2 1 2 1 2 5 2
37	1 1 1 4 1 2 1
38	1 1 2 2 1 1 3 2
39	3 4 4 2 1 1
40	2 1 1 1 1 6 1
41	2 8 14 2
42	1 2 6 15 1
43	1 2 23 3
44	1 2 5 19
45	2 2 2 19
46	2 2 18
47	2 3 18
48	6 19
49	19
50	19

D117 사람의 목소리로 하는 음악이에요

난이도 ★★★★☆

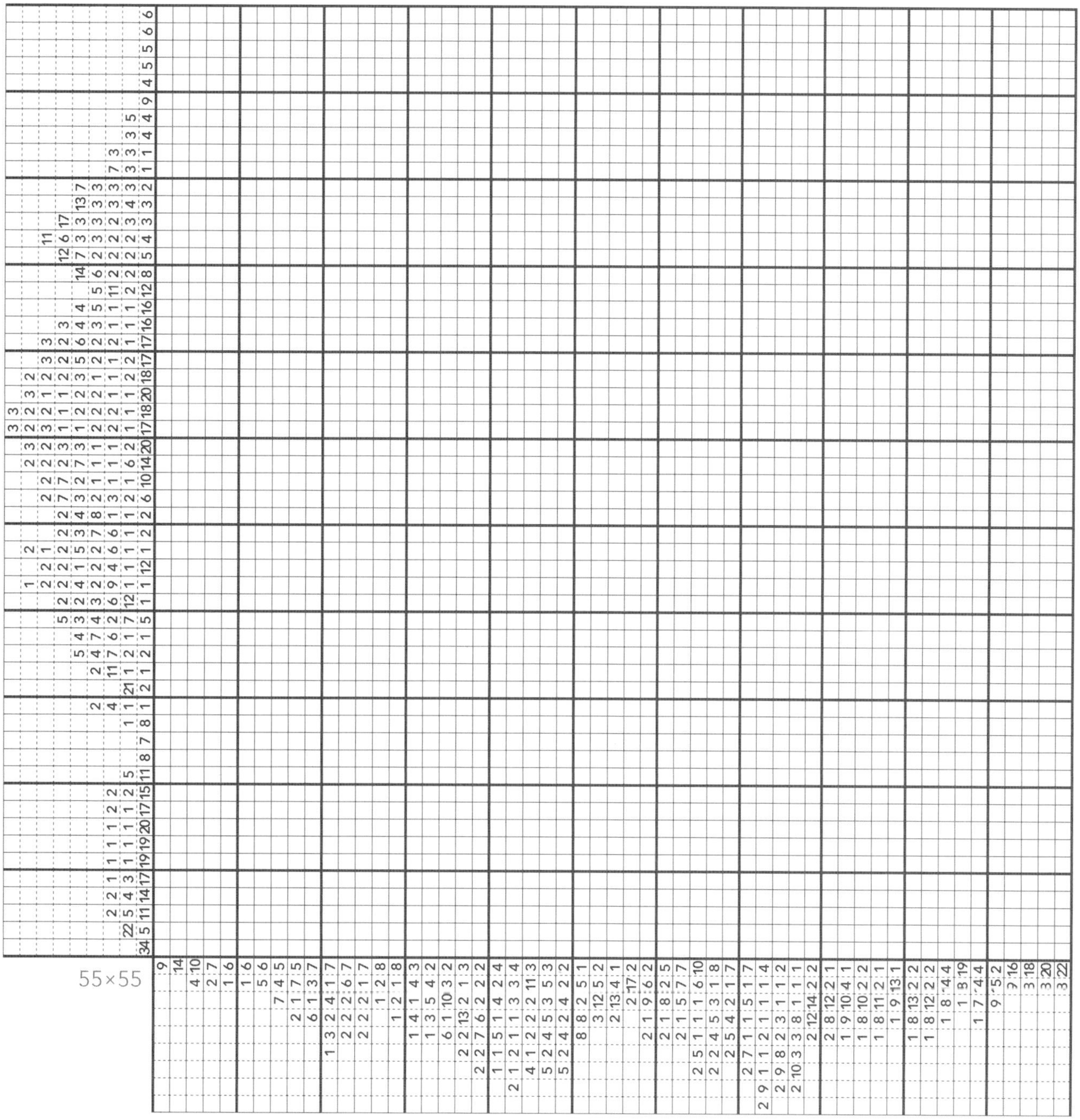

55×55

D118 한국의 전통 악기 중 하나로 활로 소리를 내요

난이도 ★★★★☆

55×55

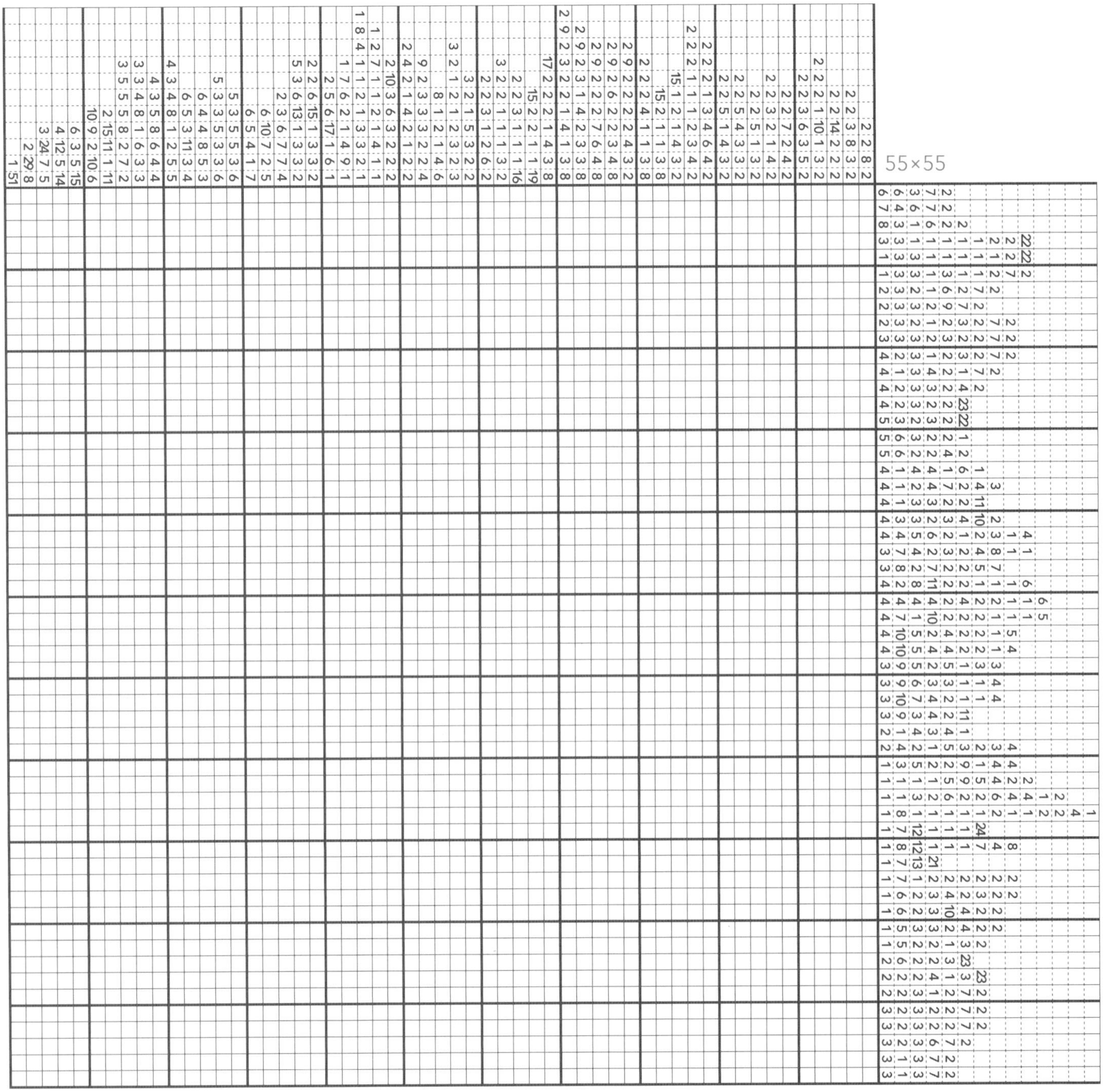

D119 덩기덕 쿵더러러러!

난이도 ★★★★☆

50×60

세로 열	힌트
1	24 12
2	7 20 4
3	6 24
4	5 23
5	4 3 19
6	4 6 11
7	4 5 4 10
8	4 4 4 10
9	4 4 4 1 1 4 5
10	4 6 4 4 10
11	3 3 3 5 2 8
12	3 3 2 5 6 6
13	3 3 2 5 3 2 5
14	3 2 2 3 3 2 4
15	3 2 3 2 4 1 4
16	3 2 3 1 2 2 1 4
17	3 2 3 1 2 1
18	3 2 2 3 2 4 7
19	3 2 3 3 1 8 3
20	3 2 4 3 3 1 3 3 5
21	3 2 10 3 1 2 2 7
22	3 2 7 2 3 3 3 2 7
23	3 19 1 1 4 1 1 2
24	2 7 1 7 7 1 2 4
25	2 5 1 2 9 5 2 1 7
26	2 6 3 1 5 2 1 13 3
27	2 3 1 3 1 2 4 3 3 4 3 2 2
28	2 2 1 2 3 3 7 1 2 1 1 1 2
29	2 2 1 3 4 1 2 4 2 3 2
30	2 2 6 2 2 2 4 3 6
31	2 5 2 9 1 6 1 2 3
32	2 19 2 5 2 1 2
33	2 4 4 8 2 4 1 1 2
34	2 3 3 1 9 4 1 1 3
35	2 3 1 8 5 2 2 3
36	2 3 1 2 5 4 3 7
37	3 3 2 1 1 3 4 3 2
38	3 3 3 1 1 3 3 5 2
39	2 3 3 2 1 2 4 7 2
40	2 3 5 2 2 1 4 3 5
41	3 3 6 2 2 4 5
42	2 4 8 5 5 1
43	2 3 10 1 3 3
44	3 3 11 2 8
45	2 3 12 4
46	3 4 6 5 2 5
47	3 4 12 2 8
48	9 11 2 9
49	7 2 8 2 10
50	5 10 2 7 3

가로 행	힌트
1	20
2	26
3	11 8
4	9 6
5	8 5
6	7 4
7	7 4
8	7 3
9	6 3
10	5 3
11	4 3 4
12	3 6 4
13	3 4 7 4
14	2 4 11 4
15	2 4 7 5 5
16	1 3 6 4 4 2
17	1 3 6 4 5 4
18	1 3 5 2 4 6 4 1
19	1 3 5 3 1 6 8
20	1 2 6 3 9 9
21	1 2 4 2 2 7 11
22	2 3 1 1 2 1 3 13
23	3 14 2 2 15
24	5 13 3 1 9 4
25	7 6 2 2 6 11
26	13 3 4 4 9
27	4 11 14 2 7 1
28	15 7 3 5 2 5 2
29	14 3 6 2 5 2 3 2
30	6 3 2 2 3 1 10 1 2 1
31	5 4 2 1 6 6 8 2
32	5 2 13 4 10 2 3 3
33	5 2 10 2 7 7 2 1 4
34	4 4 2 3 5 6 1 3 4
35	6 1 8 4 3 2 4
36	10 1 14 7 1 5
37	10 2 2 9 10 1 4
38	11 2 1 2 2 10 1 1 5
39	12 5 3 10 2 1 5
40	8 4 1 2 9 5 1 5
41	16 1 1 6 7 2
42	1 14 1 10 6 1
43	16 2 2 1 5 3
44	16 1 3 1 4 2
45	11 2 2 4 1
46	5 1 5 1 2
47	2 3 2 1
48	2 2 1 1
49	5 1 1
50	2 1 2
51	4 2 2
52	4 3 5
53	3 1 4
54	3 3 2
55	3 1 7
56	3 2 3
57	6 3
58	6 2
59	9
60	8

D120 태엽을 돌리면 청명한 소리가 나요

난이도 ★★★★★

50×60

열	
1	7 9
2	7 2 9
3	7 6 9
4	7 5 2 3 5 11
5	7 1 2 2 2 1 2 6 7
6	7 2 1 5 2 2 2 6 6 5
7	6 4 2 3 2 2 3 4 3 2 2 5
8	6 4 1 3 1 1 4 1 3 2 3 2 4
9	6 3 2 1 6 6 2 9 3 3 1 4
10	5 4 2 2 5 2 1 2 1 2 2 3 2 3
11	5 3 3 2 10 2 1 7 3 1 3 3
12	4 4 4 1 6 7 3 2 1 3 3
13	4 5 2 1 4 2 2 2 2 2 2
14	4 3 1 3 1 1 2 2 2 3 1 2
15	3 3 1 3 1 7 2 5 2 3 1 2
16	3 3 2 2 1 3 3 5 1 2 3 2 1
17	2 3 2 2 1 4 2 2 2 2 1 3 1
18	2 3 3 2 2 2 3 3 2 1 2 1 3 1
19	1 3 2 1 1 2 7 3 4 2 2 2 1
20	1 3 3 1 1 1 4 2 2 1 6 2 3 1 1
21	3 4 1 3 3 1 2 1 5 3 1 1
22	2 5 1 1 1 1 3 1 2 12 3 1 1
23	2 7 3 4 2 4 2 2 1 2 3 2 2 2 1
24	11 3 1 1 1 7 3 1 3 2 1 3 1
25	10 2 1 2 6 3 2 5 2 1 3 1
26	1 1 4 1 2 3 1 2 2 2 2 2 1
27	3 1 4 14 2 1 3 2 3 1 1
28	4 1 2 24 3 2 3 1 1
29	5 2 3 28 2 3 1 1
30	1 1 4 1 3 7 2 1 2 3 2 2 2 1
31	1 1 4 1 1 1 4 2 7 2 1 3 1
32	1 2 7 2 4 4 2 1 2 2 3 1
33	2 1 6 1 3 2 2 1 1 2 3 2 1
34	2 2 6 4 3 2 1 3 2 3 2 1
35	3 1 6 1 3 3 2 1 2 3 1 2
36	3 2 4 5 3 2 1 2 2 2
37	4 1 3 1 4 4 1 1 2 1 4 2
38	4 1 2 2 2 7 3 1 4 2 2 3 2
39	4 2 2 2 2 10 4 1 6 2 2 2 3
40	5 1 1 2 1 5 8 1 3 1 3 1 3
41	5 3 3 1 6 1 2 8 2 2 2 4
42	6 2 2 2 3 3 3 2 3 1 4 4
43	6 2 2 1 2 1 5 1 4 3 3 2 5
44	6 2 2 4 2 1 6 2 2 6
45	7 2 1 3 2 5 8
46	7 5 2 5 12
47	8 9
48	8 9
49	8 9
50	8 9

행	
1	20 5 21
2	18 5 3 18
3	16 4 2 6 16
4	14 5 2 2 3 14
5	11 6 3 3 3 11
6	9 7 3 4 4 9
7	6 7 4 4 3 6
8	8 4 6 4 4
9	10 5 16
10	1 5 4 9 8 2
11	1 2 2 3 5 9 3 1
12	1 4 2 5 2 5 6 1
13	2 8 3 2 2 2 2 4 3
14	3 5 10 3
15	5 8 5
16	9 8
17	16 1 1
18	3 1 4 1 1
19	6 1 5 2 1 3
20	8 8 7 2 5
21	8 3 1 9 1 6
22	1 5 1 5 7 2 8
23	1 1 3 2 2 3 4 1 1 5 1
24	2 3 1 2 1 3 2 3 1 1
25	5 1 1 4 1 3 2 3 1
26	1 1 1 1 7 3 1 3 2
27	6 1 9 6 4
28	2 1 1 1 3 3 7 3 2
29	2 1 1 2 2 1 3 2 1 1 1
30	2 2 1 1 2 2 4 2 2 1 1
31	2 2 1 2 6 1 2 1 1 1 1
32	1 8 3 3 2 4 1 5
33	1 11 1 1 5 2 4
34	4 2 2 2 2 1 2 1 3
35	3 1 6 2 1 6 3
36	4 13 2 4 2
37	13 5 1 3 3
38	1 1 1 2 5 8
39	1 1 2 2 4 1 3
40	4 1 4 4 1 1 2
41	2 2 1 10 2 2 1 2
42	3 2 1 1 1 1 3 1 1 3
43	1 1 1 1 1 2 1 4 1 1 1 1
44	1 1 3 2 2 5 3 1 1
45	1 2 3 1 1 4 3 2 1
46	2 1 1 1 1 2 2 2
47	1 3 1 3 3 1
48	2 4 4 4 2
49	3 5 4 3 4
50	5 6 2 7 3 2
51	3 3 22 2 2 1
52	4 1 6 15 5 1 1 5
53	4 2 2 4 5 3 2 6
54	5 2 2 22 1 3 6
55	5 5 3 5 5 3 6 7
56	7 4 2 3 2 3 2 4 8
57	9 7 4 9 10
58	12 19 12
59	15 16
60	50

N E M O N E M O

해답

L O G I C P L U S

PART A

A1 갑 티슈

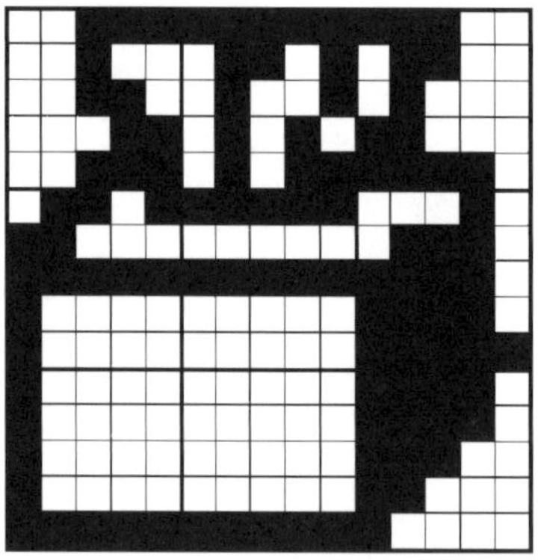

A2 가방

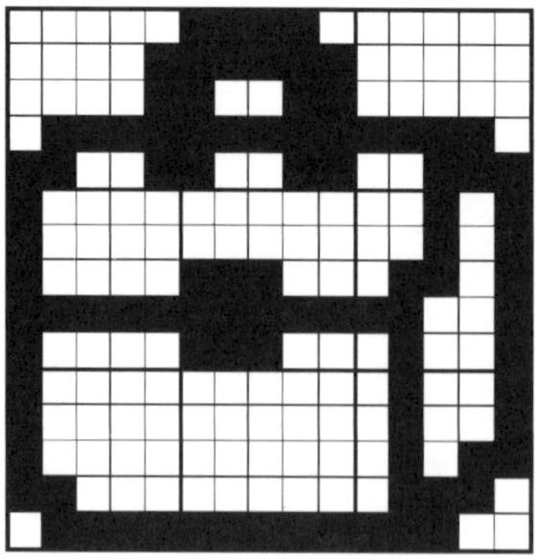

A3 찻잔

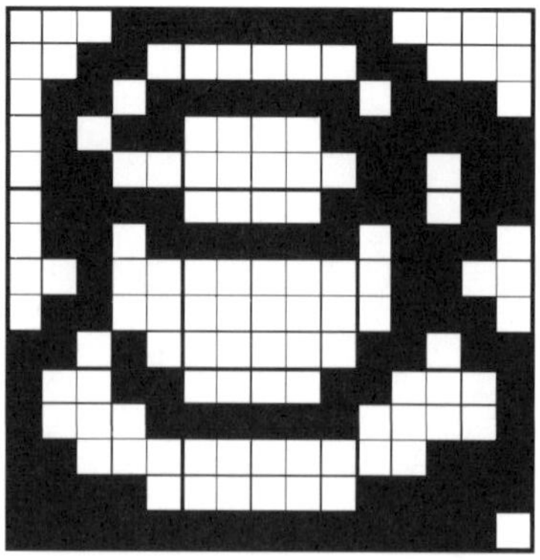

A4 헤드셋

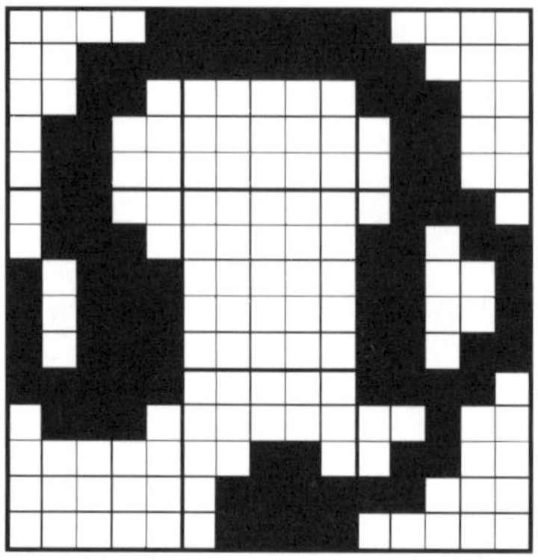

A5 벙거지

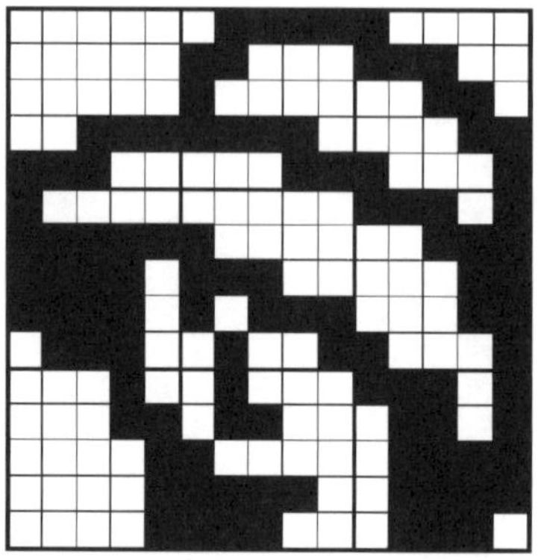

A6 양송이버섯

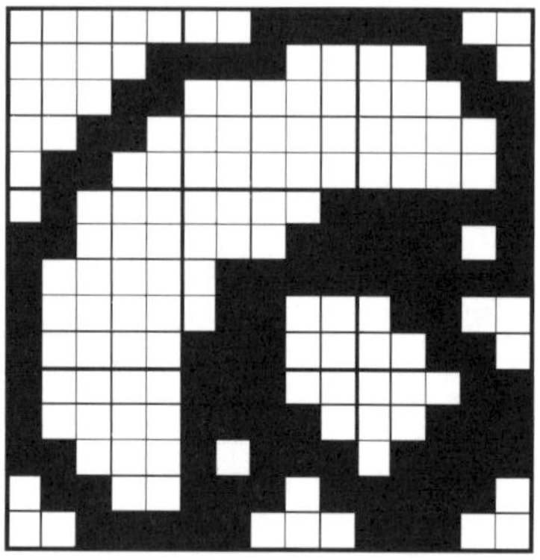

A7 멜빵바지

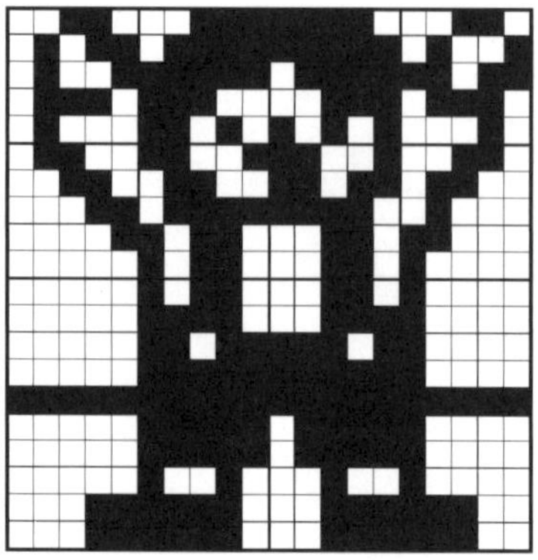

A8 햄버거 세트

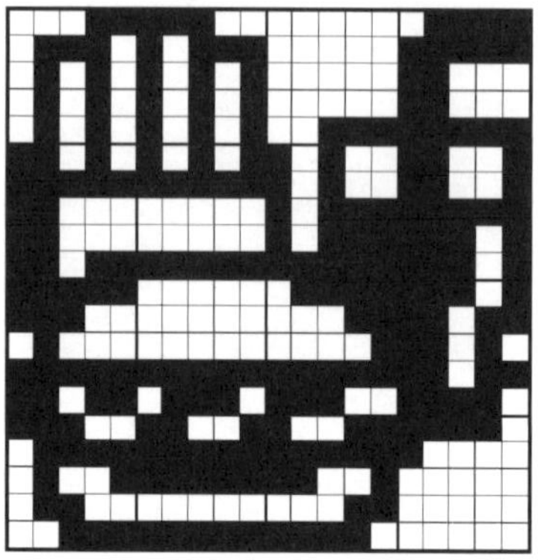

A11 + A12 가로등

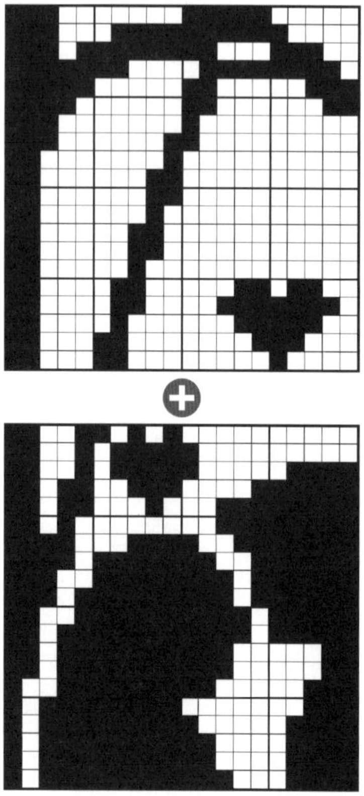

A9 헬멧

A10 생선과 저울

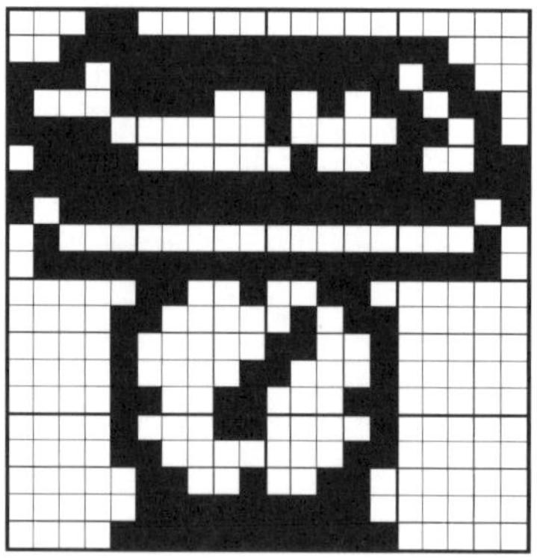

A13 부채

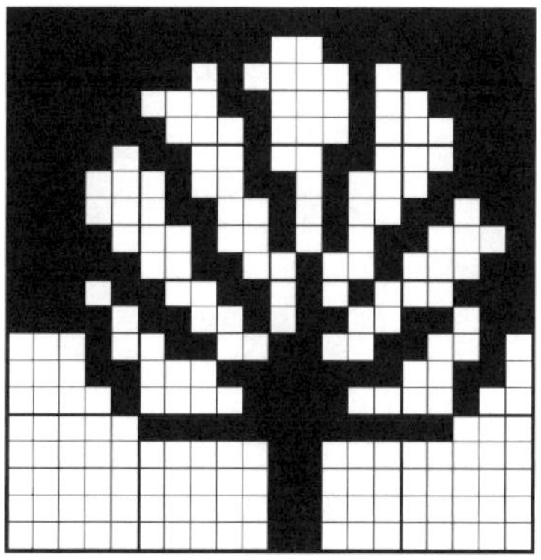

A14 크리스마스 지팡이

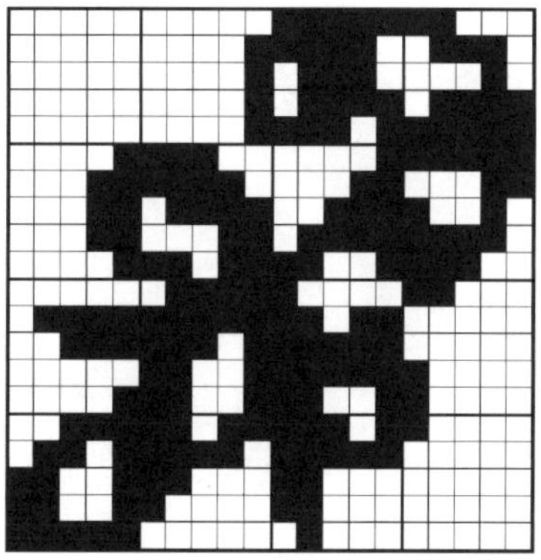

A15 돌고래

A16 손잡이

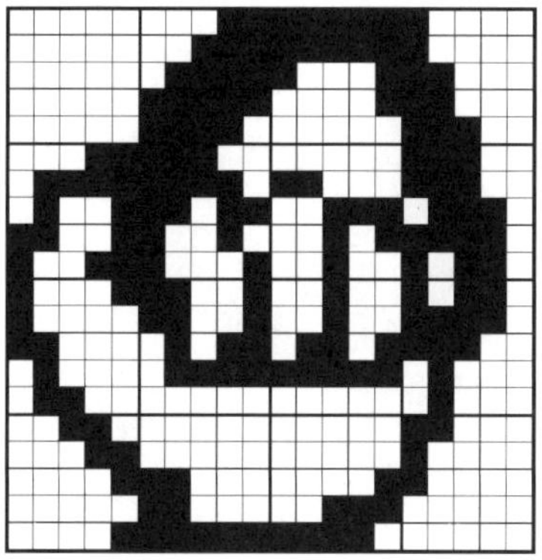

A17 비녀

A18 성화 봉송

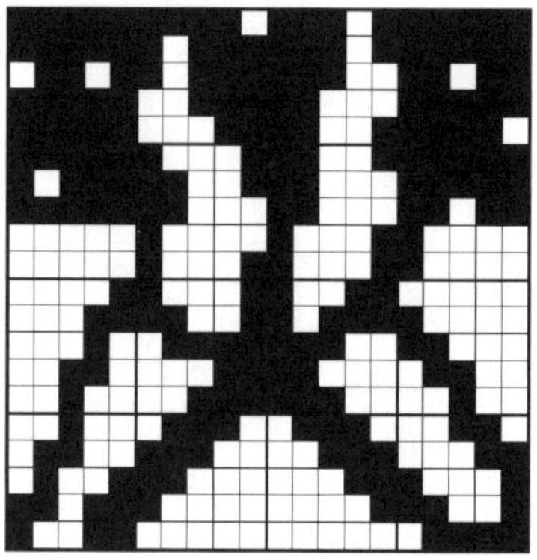

A19 텀블러

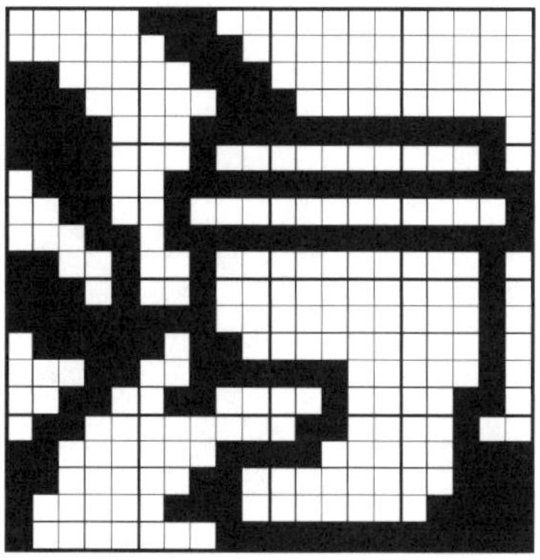

A20 확성기

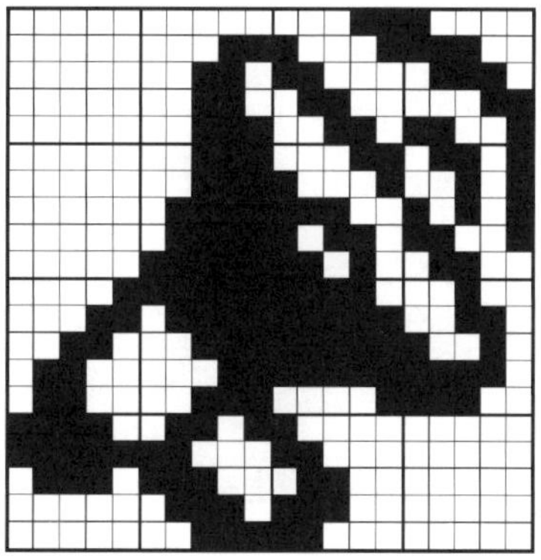

A21 로미오와 줄리엣

A22 고양이와 생선

A23 원반 물어오는 강아지

A24 라마

A25 영정 사진

A26 커피포트

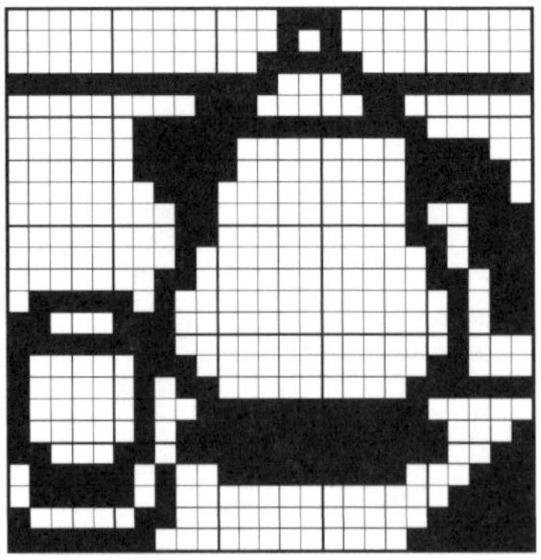

A27 젖소

A28 어사화

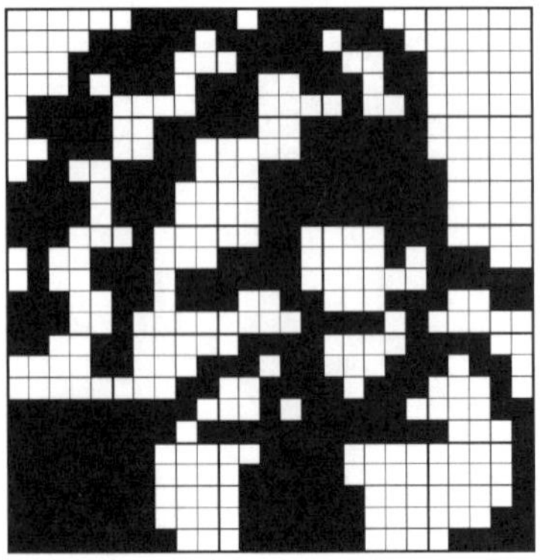

A29 다리 꼬기

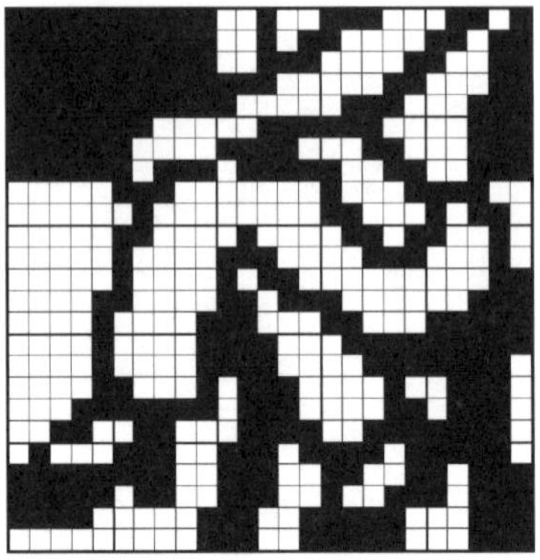

A30 하마

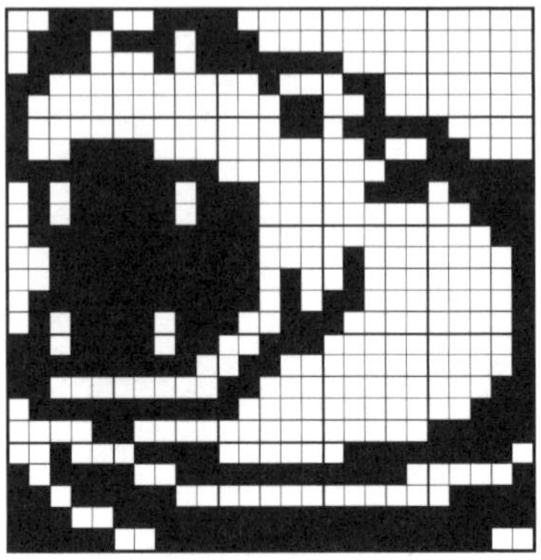

A31 통아저씨

A32 팔레트

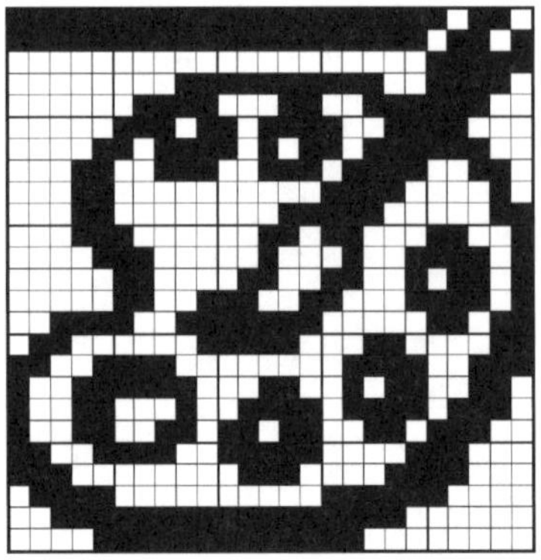

A33 백로

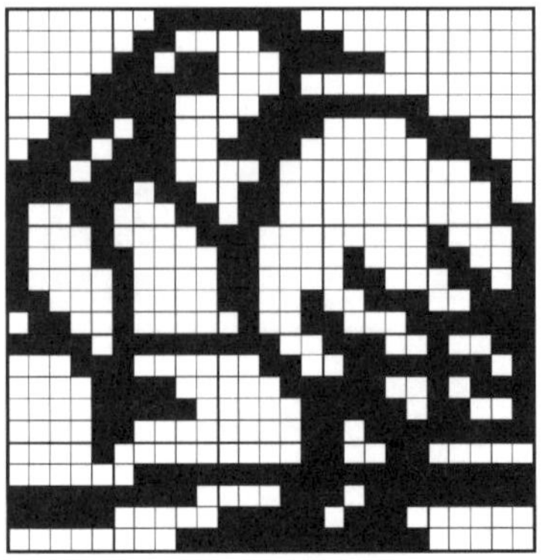

A34 앞치마

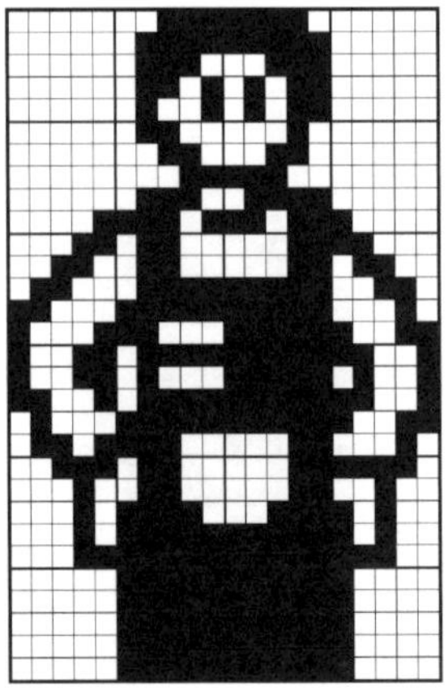

A35 한숨

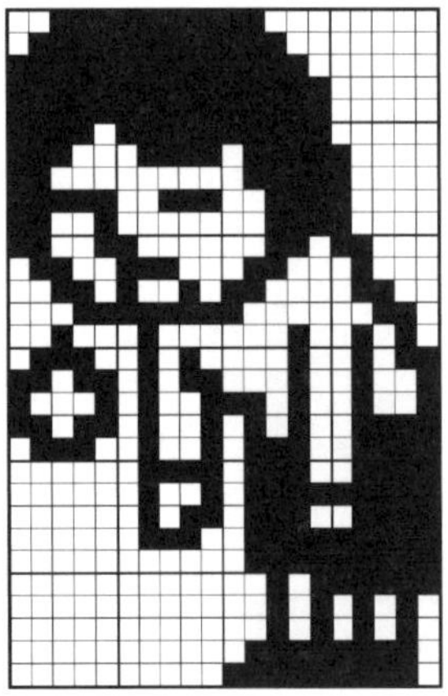

A36 물구나무서기

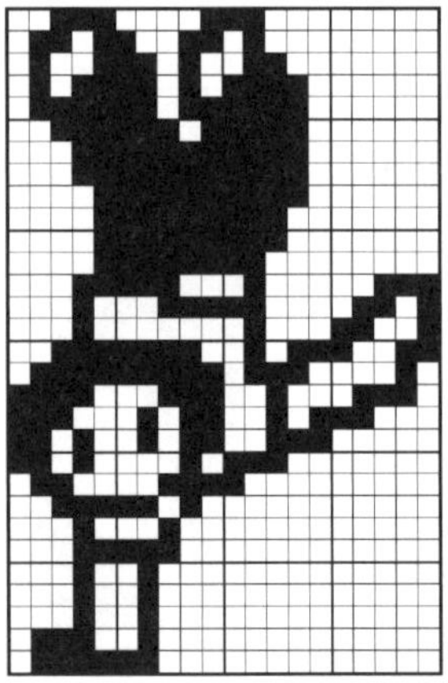

A37 트렌치코트

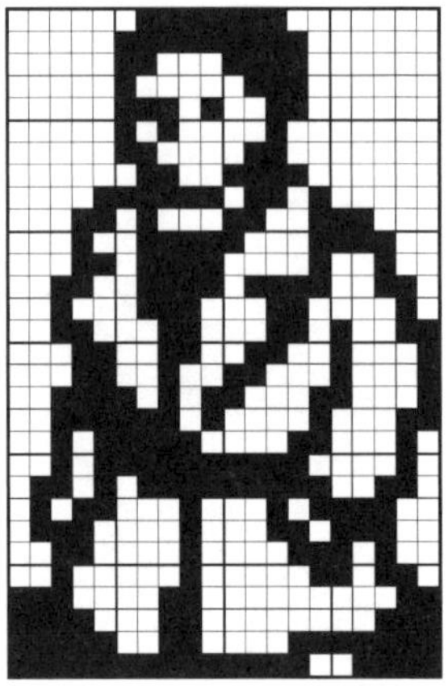

A38 트럭

A39 주먹 인사

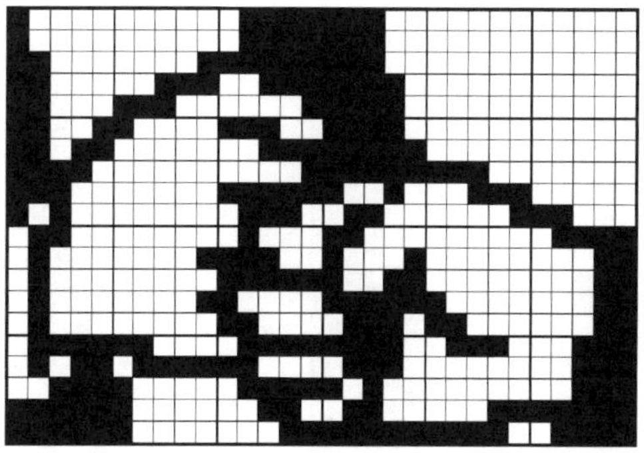

A40 톱

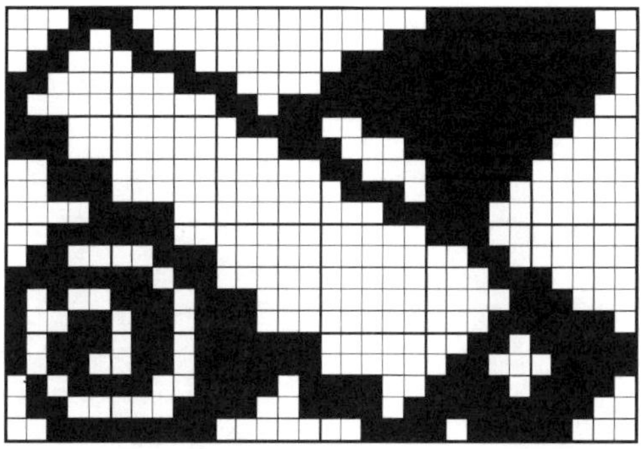

A41 목말

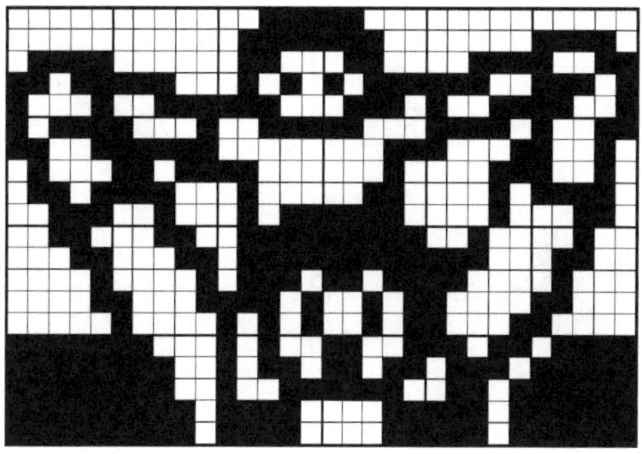

A42 눈싸움

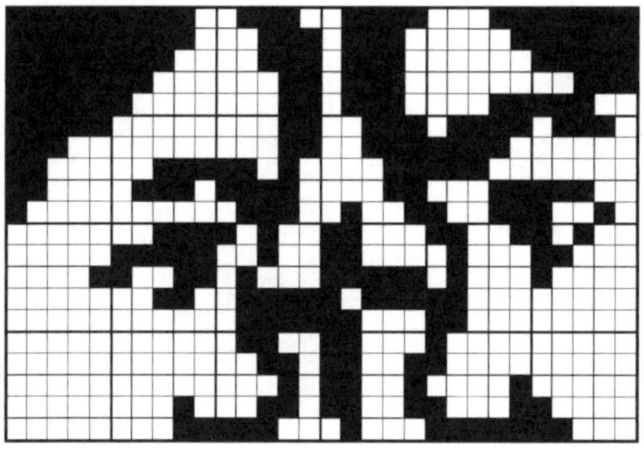

B43 다이아몬드 반지

B44 파인애플 집

B45 다루마오토시

B46 천체 망원경

B47 캥거루

B48 결승선

B49 계란 부화

B50 버스 운전사

B51 임산부 먼저

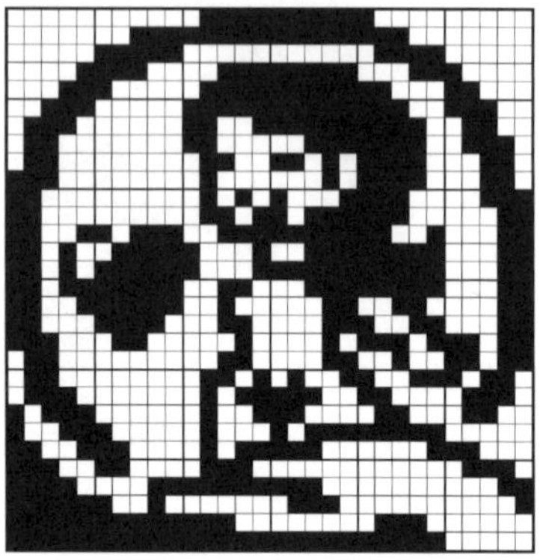

B52 코피

B53 한국 도깨비

B54 더블 번 헤어

B55 놀람

B56 피에로

B57 머리 꽃

B58 + B59 인력거

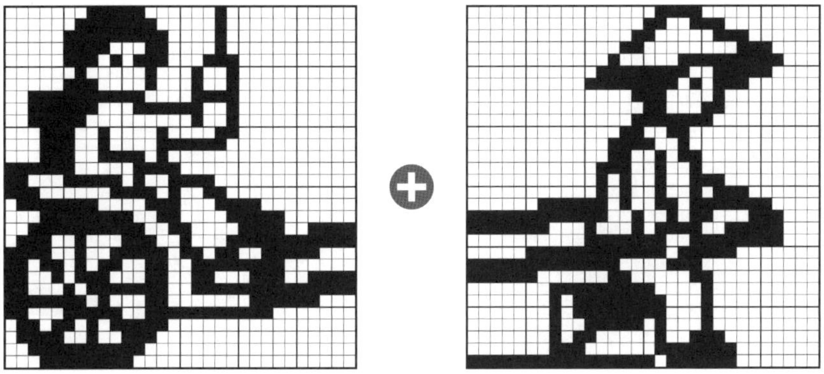

B60 요리사

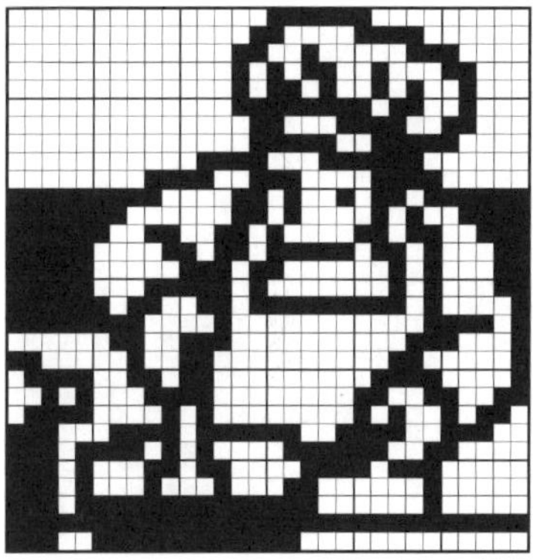

B61 휠체어

B62 실연

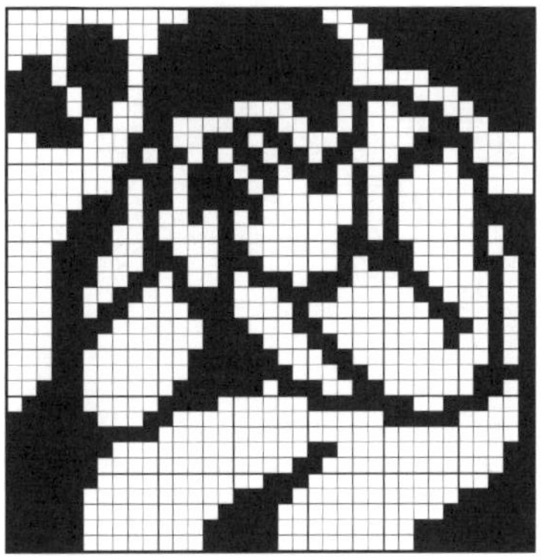

B63 수문장 교대의식

B64 졸업 사진

B65 지진 대피

B66 에어프라이기

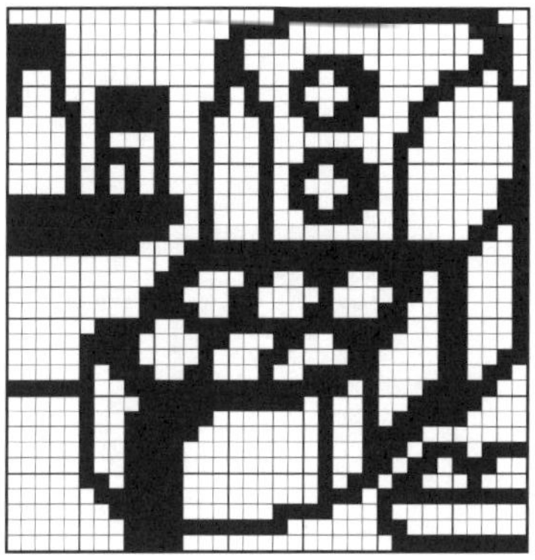

B67 권투 선수

B68 가면

B69 작별 인사

B70 사회자

B71 스쿠터

B72 공룡

B73 기린

B74 베개 베고 자는 사람

B75 자리 양보

B76 서예

B77 탈춤

B78 양산

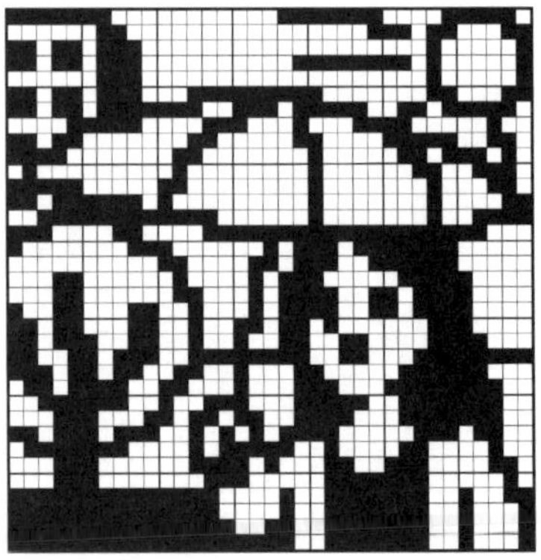

C79 해마

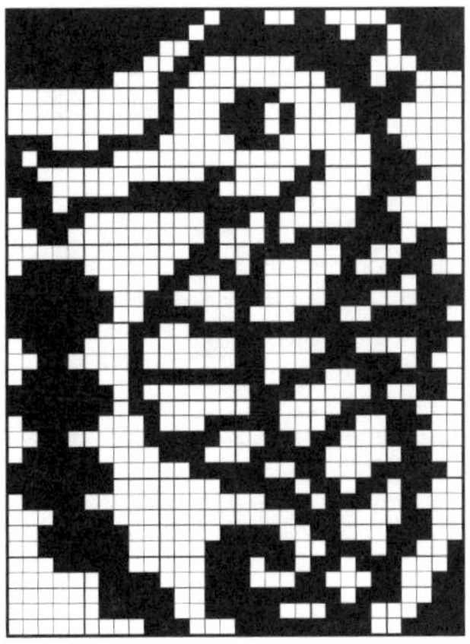

C80 기도

C81 기마전

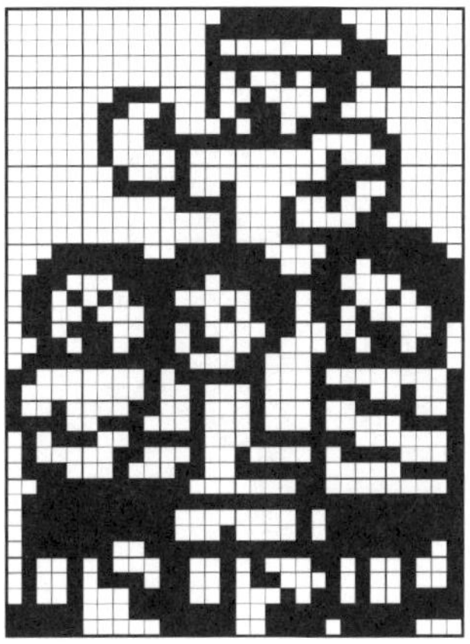

C82 우체통

C83 물지게

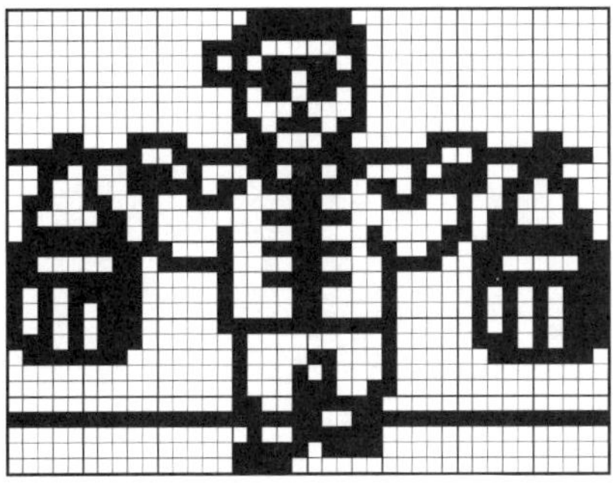

C84 꾸벅꾸벅

C85 비행기 이륙

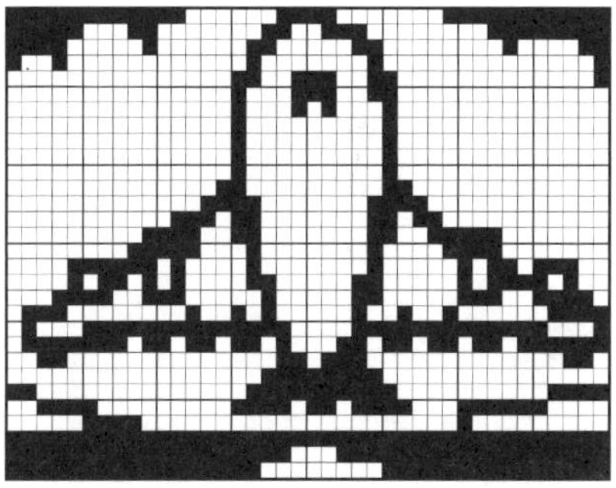

C86 붐 마이크

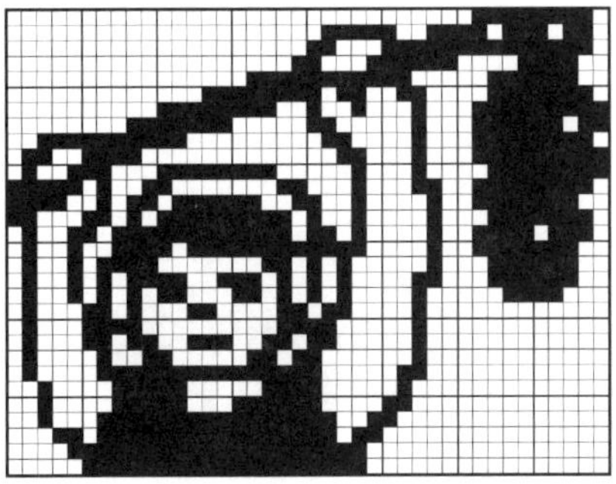

C87 어깨동무

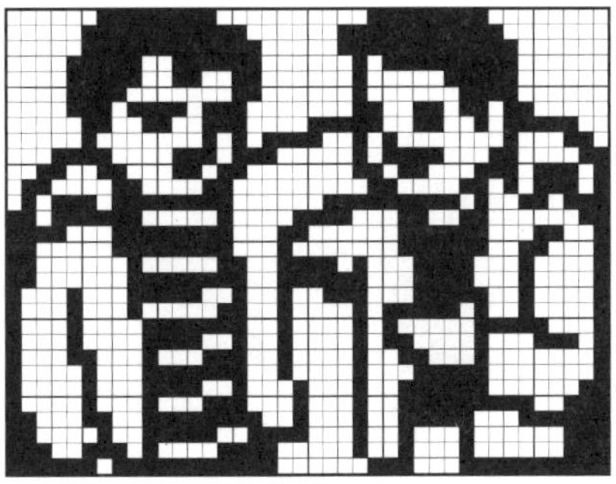

C88 칼싸움

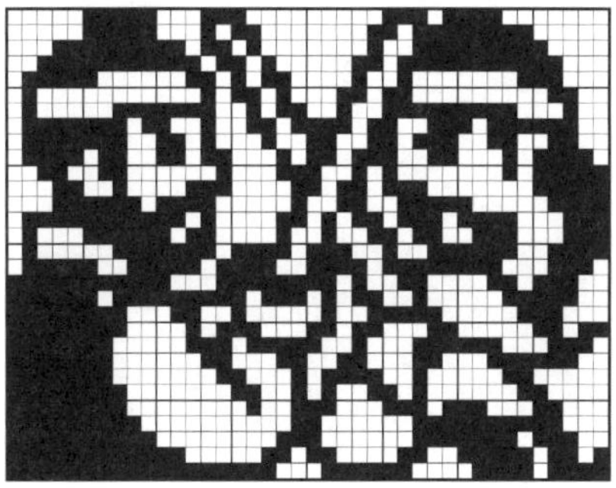

C89 케이크 초 불기

C90 이브와 뱀

C91 토코투칸

C92 빨래 널기

C93 노래하는 뱃사공

C94 대관람차

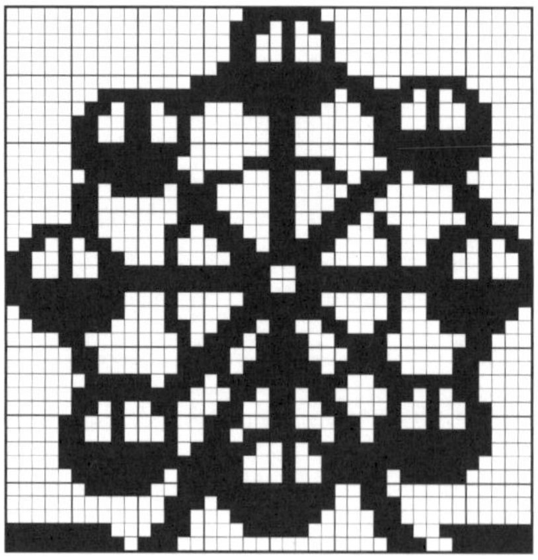

C95 치어리더

C96 이어폰 나눠 끼기

C97 커플 티

C98 모터보트 타는 사람

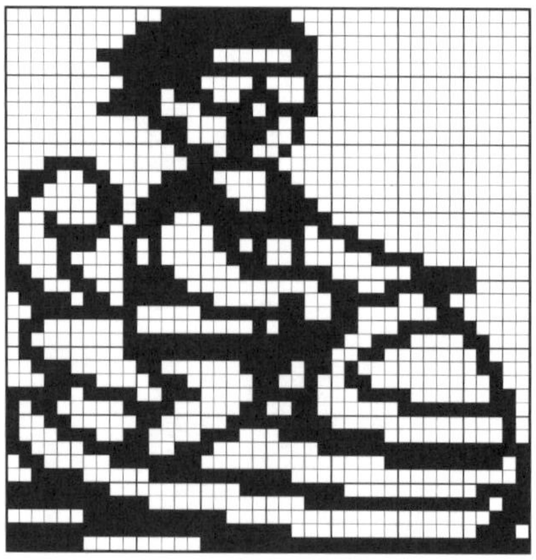

C99 튜브

C100 과식

C101 메달 깨물기

C102 점프

C103 엉덩방아

C104 프러포즈

C105 육상 준비

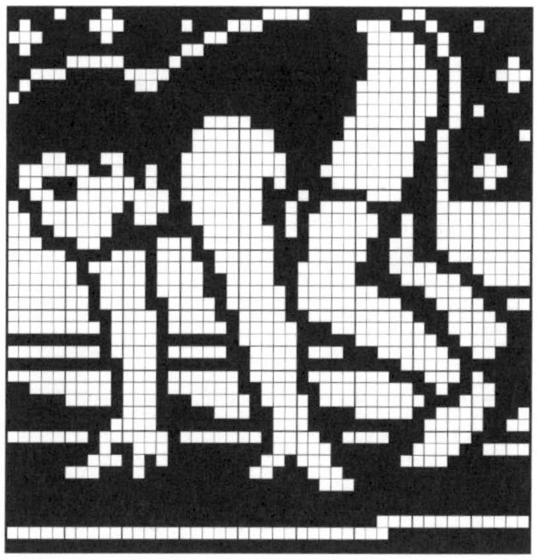

C106 헬렌 켈러

C107 광부

C108 여행 가는 가족

D109 칼림바

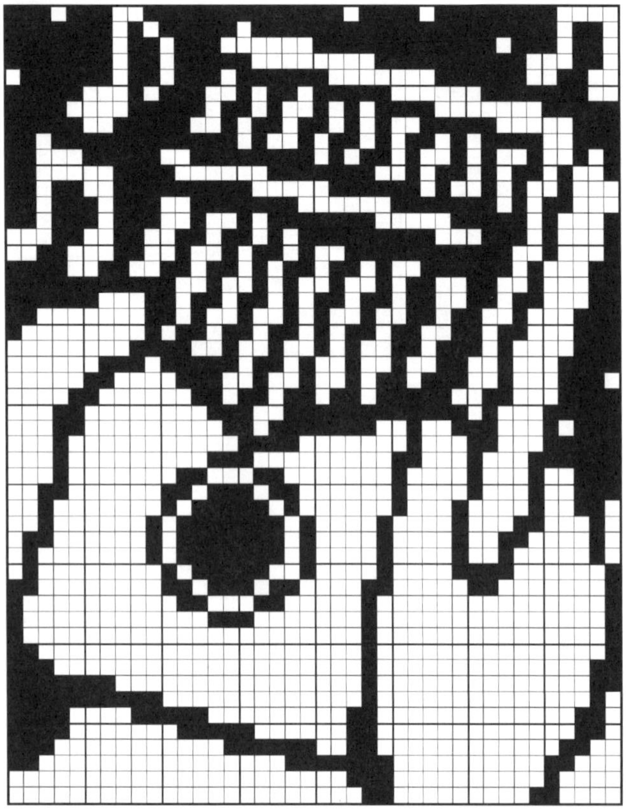

D110 캐스터네츠

D111 드럼 치는 사람

D112 반도네온

D113 트럼펫

D114 플루트

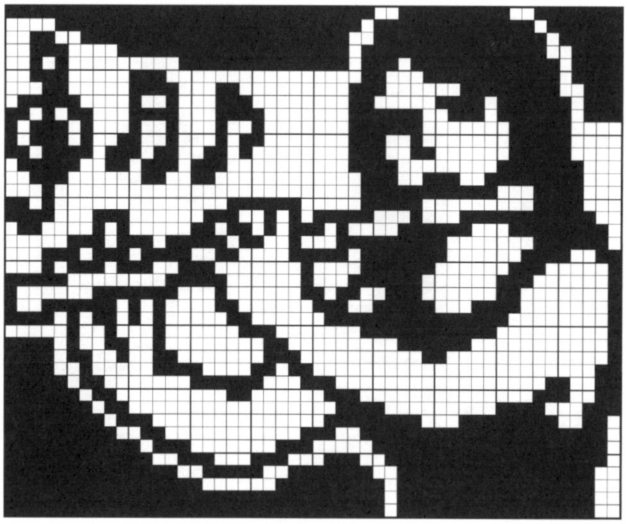

D115 바순

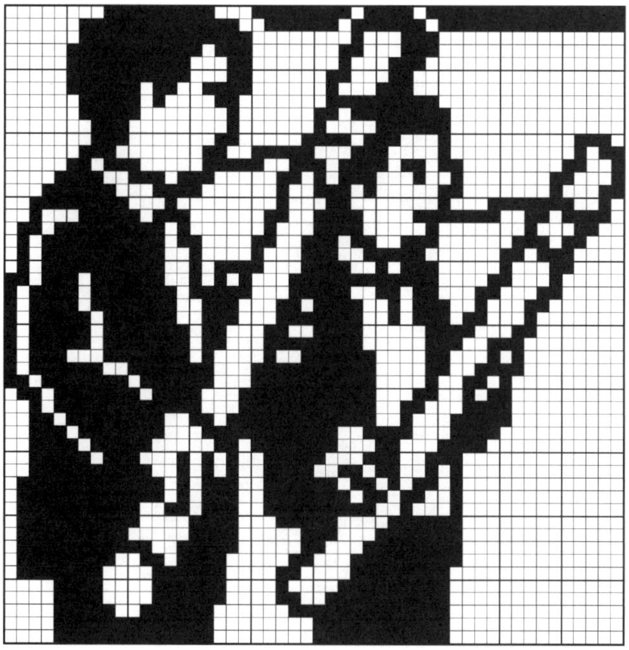

D116 색소폰

D117 성악

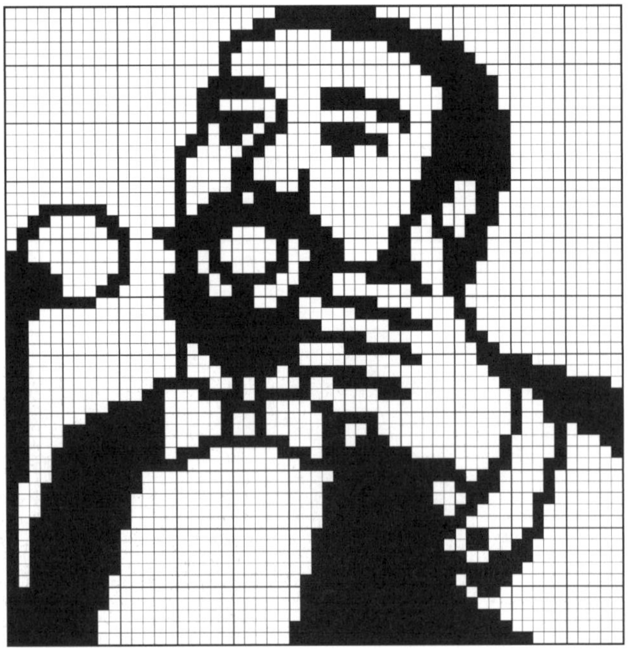

D118 해금

D119 장구

D120 오르골